컨설팅 경영

소상공인편

1000만 소상공인의 경영 위기 극복과
성장을 위한 경영 전략 실전서

컨설팅 경영 소상공인편

초판 1쇄 인쇄 2024년 5월 13일
초판 1쇄 발행 2024년 5월 30일

지은이 황창환

발행인 백유미 조영석
발행처 (주)라온아시아
주소 서울특별시 서초구 방배로 180 스파크플러스 3F

등록 2016년 7월 5일 제 2016-000141호
전화 070-7600-8230 **팩스** 070-4754-2473

값 19,500원
ISBN 979-11-6958-109-7(13320)

1000만 소상공인의 경영 위기 극복과 성장을 위한
경영 전략 실전서
컨설팅 경영
소상공인 편
소상공인의 경영에 그린 라이트를 켜라!
황창환 지음
국내 최고 프로 경영 컨설턴트가 전수하는
소상공인과 자영업자를 위한 맞춤 컨설팅 경영 노하우
소상공인도 이제는
컨설팅 경영을 해야 한다!
RAON BOOK

RAON BOOK

프롤로그

소상공인들의 문제 해결과 새로운 성장의 기회를 찾아가는 여정의 동반자

최근 한국의 경제 상황이 어려워 많은 소상공인들이 생존을 위해 힘든 시간을 보내고 있다. 이런 상황에서 새로운 성장의 기회를 모색하는 것이 매우 중요하다. 이 책은 이러한 어려움을 극복하고 성장의 발판을 마련할 수 있는 다양한 해결책과 실질적인 조언을 제공하는 것을 목표로 한다. 이 책을 통해 어려운 시기를 견디는 것뿐만 아니라, 사업을 확장하고 발전시키는 데 도움이 되기를 바란다.

이 책의 각 장에는 다양한 주제에 대한 실질적인 내용이 담겨 있다. 먼저, 위기는 예기치 않게 찾아오지만 이를 기회로 전환하는 것이 중요하다. 특히, 자금 조달의 어려움을 겪고 있는 소상공인들을 위해, 이 책은 은행 대출 외에도 크라우드펀딩, 엔젤 투자 등의 대안적 금융 수단을 활용할 수 있는 구체적인 방법들을 제시한다. 이러한 자금 조달 방법들은 사업의 유연성을 높여주고, 위기 상황에서도 사업을 지속할 수 있는 기반을 마련할 수 있게 된다.

다음으로, 고객의 마음을 사로잡는 것은 단순한 제품 판매를 넘어선 중요한 요소다. 예를 들어, 매장 내부 디자인을 개선하거나, 고객에게 새로운 경험을 제공할 수 있는 이벤트를 기획하여 고객의 관심을 끌 수 있다. 이를 통해 고객이 매장을 자주 방문하게 만들고, 자연스럽게 입소문을 통한 홍보 효과를 기대할 수 있다.

또한, 시장의 변화를 민감하게 파악하고 이를 사업 전략에 반영하는 것도 중요하다. 예를 들어, 친환경 제품에 대한 소비자들의 관심이 높아지고 있는 현 상황에서, 이 책은 친환경 제품 개발 및 마케팅 전략을 구체적으로 제시하여 소상공인들이 이러한 트렌드를 선도할 수 있도록 돕는다.

경쟁이 치열한 시장에서 소상공인이 성공하기 위해서는 차별화된 가치를 제공하는 것이 필수적이다. 이 책에서는 차별화된 가치를 제공하는 다양한 전략과 이를 통해 시장에서 우위를 확보하는 방법을 상세히 설명한다. 또한, 직원들의 만족도와 생산성 향상을 위한 긍정적인 근무 환경 조성 방안도 이 책의 중요한 주제 중 하나다. 조직력을 강화하고 열린 소통을 촉진하는 다양한 팀 빌딩 활동과 피드백 세션 등을 통해 직원들의 업무 만족도를 높이고 생산성을 향상시킬 수 있는 방법을 제시한다.

디지털 기술을 활용해 소상공인들의 경쟁력을 강화하는 방법도 다룬다. 예를 들어, 빅데이터와 AI(Artificial Intelligence: 인공지능)기술을 활용해 고객들의 소비 패턴을 분석하고 맞춤형 마케팅 전략을 수립하는 방법, 또는 생산 과정에서의 IoT(Internet of Things: 사물인터넷) 기술을 활용해 효율적인 생산 및 재고 관리를 하는 방법 등을 제시한다.

그리고 현장에서 바쁘신 소상공인들이 쉽게 실천할 수 있는 10가지 팁을 소개한다.

첫째, 소비자의 니즈와 시장의 동향을 파악하고, 타겟 고객을 대상으로 영업력을 집중한다. 그리고 경쟁사의 제품이나 서비스를 직접 체험해보고, 그들의 장단점을 파악해 자신의 사업에 어떻게 적용할 수 있을지 고민한다. 이런 노력은 현장의 상황을 사업에 반영하여 사업 계획을 설정하고, 제품이나 서비스의 개선점을 찾는 데 도움이 될 것이다.

둘째, 고객 경험을 개선한다. 고객 서비스에 대한 반응을 적극적으로 수집하고, 실제 서비스 개선에 반영한다. 고객이 쉽게 접근하고 사용할 수 있는 온라인 예약 시스템이나 모바일 앱을 도입하는 것도 좋은 방법이다. 매장 내외부의 분위기를 개선하고, 고객이 편안하고 즐거운 시간을 보낼 수 있도록 환경을 조성한다면 고객의 만족도를 높일 수 있을 것이다.

셋째, 비용 관리는 사업의 중요한 부분이다. 비용 절감을 위해 공급자와의 협상을 주기적으로 시도하고, 대량 구매를 통해 할인 혜택을 받는다. 불필요한 지출을 줄이기 위해 사업의 모든 지출 항목을 주기적으로 검토하고, 우선순위를 정하여 예산을 효율적으로 배분한다. 또한 디지털 회계 소프트웨어를 활용해 정확한 자금 현황을 파악한다.

넷째, 혁신과 도전을 두려워하지 않는다. 새로운 기술이나 트렌드에 대해 지속적으로 학습하고, 이를 사업에 적용할 수 있는 방법을 모색한다. 실패를 두려워하지 말고, 작은 실험을 통해 새로운 아이디어를 시험해본다. 실패에서 배운 교훈을 다음 도전에 적용한다. 직원들의 창의적인 아이디어를 유도하고, 좋은 아이디어에 대해서는 적용을 적극적으로 고려한다.

다섯째, 지속적인 고객 관계 구축은 중요하다. 고객의 생일이나 특별한 날에 맞춤형 메시지를 보내어 개인적인 관심을 표현한다. 고객이 제공한 피드백에 대해 감사의 인사를 전하고, 그들의 의견을 실제로 반영했다는 것을 알리는 것도 좋은 방법이다. SNS를 통해 고객과 지속적으로 소통하며 커뮤니티를 형성한다. 그리고 이벤트를 통해 고객 참여를 유도할 수도 있다.

여섯째, 효율적인 재고 관리는 사업 운영의 기본이다. 재고 관리 시스템을 도입하여 실시간으로 재고를 추적하고 관리한다. 회전이 빠른 제품과 저조한 판매 제품을 분석하여 재고 구매 계획을 조정한다. 시즌별, 트렌드별로 재고를 최적화하여 과잉 재고로 인한 비용을 최소화한다.

일곱째, 소셜 미디어를 적극 활용한다. 인스타그램, 페이스북, 트위터 등에 비즈니스 계정을 만들고, 정기적인 포스팅으로 고객과의 소통을 강화할 수 있다. 타겟 고객에게 맞춤화된 온라인 광고를 집행하고, 광고의 효과를 분석하여 지속적으로 최적화한다. 인플루언서 마케팅을 활용해 브랜드 인지도를 높이고, 새로운 고객층에게 접근하는 것도 좋은 전략이다.

여덟째, 지역 사회와의 연계를 강화하는 것도 좋은 전략이다. 지역 사회 행사에 참여하거나 후원하여 지역 사회 내에서의 인지도를 높이는 것도 도움이 된다. 지역 사업체와의 협력을 통해 서로의 고객 기반을 확장할 수 있는 기회를 모색한다. 지역 사회에 기여하는 사회적 책임 프로젝트를 진행하여 긍정적인 기업 이미지를 구축한다.

아홉째, 직원 교육과 계발은 사업의 핵심이다. 정기적인 교육 프로그램을 통해 직원들의 서비스 품질과 전문성을 향상시키는 것은 중요하다. 직원들에게 새로운 기술이나 트렌드에 대해 배울 기회를 제공하여, 변화하는 시장에 능동적으로 대응할 수 있도록 하는 것도 효과적이다. 직원들이 자신의 아이디어를 자유롭게 제안할 수 있는 열린 문화를 조성하여, 혁신적인 사업 아이디어를 발굴하는 것도 좋은 방법이다.

마지막으로, 지속 가능한 사업 방식을 채택한다. 친환경 제품이나 서비스를 도입하여 환경 보호에 기여하는 것도 효과적이다. 에너지 효율이 높은 기기를 사용하고, 재활용 가능한 자재를 사용하는 등 지속 가능한 운영 방식을 모색한다. 지역 사회와 환경에 긍정적인 영향을 미치는 사업 방식을 통해 고객의 신뢰와 충성도를 높이는 것도 중요하다. 이러한 노력들은 결국 소상공인의 성공을 위한 중요한 요소가 될 것이다.

끝으로, 이 책은 소상공인들이 현장에서 직면하는 문제를 해결하고, 새로운 성장의 기회를 찾아가는 여정에 동반자가 될 것이다. 어려운 시기를 극복하고, 더 나은 미래를 향해 함께 나아갈 수 있기를 바란다.

황창환

Contents

Chapter3. 변화하는 시장에 적응하기

Chapter4. 경쟁에서 앞서가기 : 당신만의 비결 찾기

Chapter5. 함께 성장하는 조직 만들기

Chapter6. 더 큰 미래를 위한 성장 전략

Chapter.1

위기 극복
: 어려움을 넘어
새로운 시작 찾기

시장의 변화에 능동적으로
대응하는 것은 필수적이다.
온라인 판매 채널을 확대하고
소비자의 새로운 요구에
민감하게 반응하여
편리함과 독특한 경험을
제공하는 전략은
사업 경쟁력 유지의 핵심이다.

경쟁력
강화하기

1

황폐해진 시장, 다시 일어서자!

최근 4년 간 국내 소상공인 수는 44% 증가해 720만 명을 넘어섰으나, 같은 기간 평균 소득은 9.3% 감소해 1900만 원 수준에 머물렀다.

특히 영세 소상공인의 소득 감소가 두드러지며 소득 격차가 심화되었다. 경기 불황과 코로나19 시기에 플랫폼 배달 기사의 증가 등이 소상공인 수 증가에 영향을 미쳤으나, 출혈 경쟁과 경제 성장 둔화 등으로 소상공인들의 소득은 줄어들고 있다.

이에 따라, 소상공인들 사이의 빈부 격차는 더욱 심화되어 상위 0.1%의 소득은 증가한 반면, 하위 20%의 소득은 대폭 하락했다.

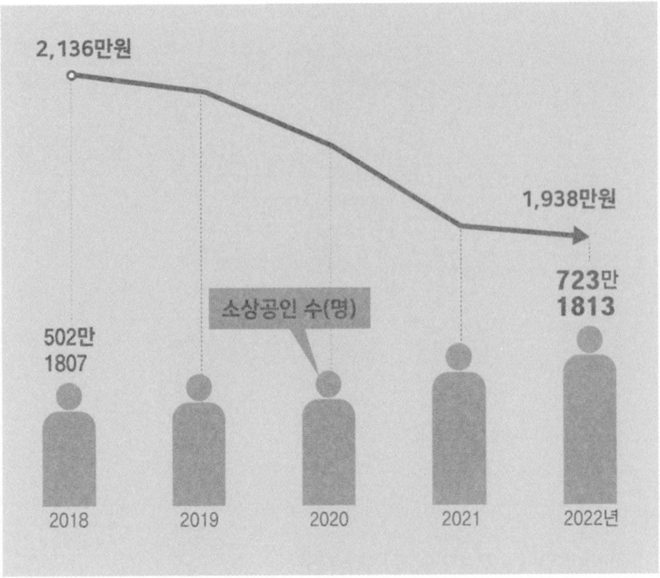

출처: 더불어민주당 양경숙 위원실, 국세청 자료(저자수정)

질병적 상황이 지난 후 소비자들의 구매 습관은 크게 달라졌다. 이제 사람들은 더 이상 단순히 저렴한 가격만을 추구하지 않는다. 편리함, 즉각적인 만족감, 그리고 새롭고 독특한 경험을 선호한다. 이러한 변화는 '디토소비(특정 인물, 콘텐츠, 유통채널을 따라 '나도(Ditto)'하고 구매하는 현상)'와 같은 현상을 보이는데, 소비자들이 자신들의 취향과 가치관에 맞는 제품이나 서비스에 더 많은 지출을 하기 시작했음을 의미한다. 이와 동시에, 온라인 쇼핑의 활성화는 눈에 띄게 증가했다. 소비자들은 이제 오프라인 매장을 방문하는 대신, 인터넷 쇼핑몰이나 SNS를 통해 필요한 상품을 구매한다. 이는 소상공인들에게 온라인 판매 채널을 확대하고, 다양한 디지털 마케팅 전략을 적용할 필요성을 강조한다.

소상공인 실태조사 내 경영지표 변화

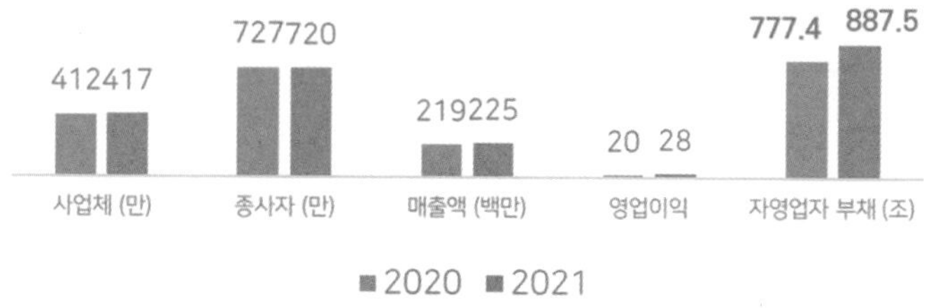

	사업체	종사자	매출액	영업이익	자영업자부채
2020	4,126,531	7,275,443	219	20	777
2021	4,117,458	7,204,672	225	28	888
변동률	-0.2%	-1.0%	2.7%	40.0%	14.2%

출처: 소상공인 실태조사 2021

위 도표의 한국 소상공인 실태조사 결과에 따르면, 사업체 수와 종사자 수는 감소한 반면, 매출액은 소폭 증가하고, 영업이익과 자영업자부채비율이 크게 증가하였다. 이러한 새로운 소비 트렌드의 등장은 기존의 상점들이 경쟁에서 뒤처지지 않기 위해 변화를 받아들일 필요가 있다는 것을 의미한다. 소비자들이 중시하는 편리함과 경험을 제공하지 못하는 상점은 점점 경쟁력을 잃어갈 것이다. 따라서, 소상공인들은 이러한 시장 변화를 인식하고, 소비자들의 새로운 요구사항을 충족시키는 방향으로 사업 전략을 수정해야 한다. **결론적으로, 시장의 변화를 이해하고, 소비자들의 새로운 요구에 민감하게 반응하는 것이 중요하다.** 온라인 판매 채널의 확대와 함께, 편리함과 독특한 경험을 제공하는 것이 현재 시장에서 성공하는 열쇠가 될 것이다.

변화하는 고객, 새로운 전략!

최근에 소비자의 생활 패턴은 눈에 띄게 변화하고 있다. 이는 온라인 쇼핑의 일상화, 모바일 결제 시스템의 보편화, 그리고 배달 서비스의 급속한 확산으로 인해 더욱 가속화되고 있다. 이러한 변화에 효과적으로 대응하기 위해서는 기업과 소상공인들이 이에 맞춘 사업 전략을 수립하는 것이 절실히 필요하다. 이는 단순히 기존의 방식을 유지하는 것을 넘어서, 시대의 흐름에 맞춰 혁신적인 접근법을 모색하는 것을 의미한다.

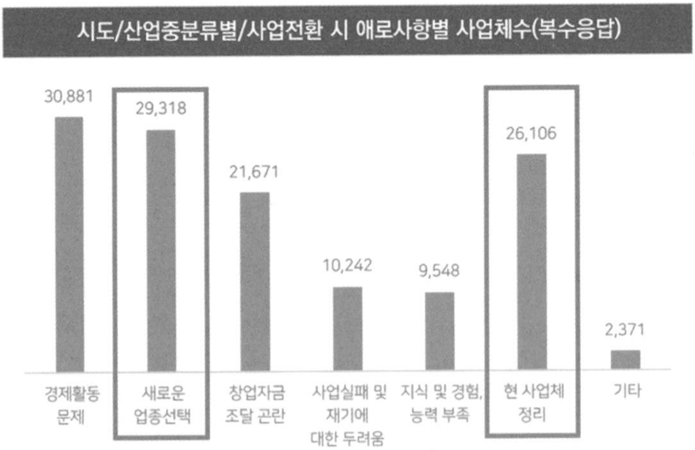

출처: 소상공인 실태조사 2021

또한, 소비자들이 정보를 얻고 상품을 선택하는 방식도 크게 변화하였다. 소셜 미디어 플랫폼, 온라인 리뷰 사이트 등 다양한 채널을 통해 제품 정보를 검색하고, 다른 소비자들의 의견을 참고하여 구매 결정을 내리는 경향이 강해졌다. 이에 따라, 기업들은 온라인 마케팅 전략을 강화하고, 소셜 미디어에서의 활동을 활발히 하여, 소비자들과의 소통을 강화하고 신뢰를 구축해야 한다.

우리가 사업전환 시 어려움을 겪는 부분을 확인하는 것은 매우 중요하다. 앞서 도표의 결과, 경제활동 문제를 답한 사업체 수가 30,881개로 가장 많았으며, 특히 새로운 업종 선택과 현 사업체 정리를 답한 사업체 수가 뒤를 이었다. 이러한 현상은 시장 내 위치를 평가하고 사업 전략을 수립하는 데 필수적인 정보다. 지금의 시장은 개인화된 서비스에 대한 수요가 급증하고 있다. 소비자들은 자신의 취향과 요구에 맞춘 상품과 서비스를 선호하며, 이를 충족시키는 기업에게 더 큰 충성도를 보이는 경향이 있다. 이는 기업에게 고객 데이터 분석 및 개인 맞춤형 서비스 개발에 더 많은 투자를 요구하며, 이를 통해 차별화된 경쟁력을 확보할 수 있는 기회를 제공한다.

결국, 이러한 시대의 변화에 적극적으로 대응하고, 혁신적인 사업 전략을 통해 시장의 요구에 부응하는 기업만이 지속 가능한 성장을 이루어낼 수 있을 것이다. 소상공인들이 이 변화의 흐름을 정확히 이해하고, 능동적으로 대응한다면, 빠르게 변화하는 시장 환경 속에서도 성공적으로 자리매김할 수 있을 것이다.

빠른 변화, 나도 따라가야 해!!

시장의 변동성은 예측하기 어렵고 빠르게 진행되기 때문에, 소상공인들은 이러한 변화에 유연하게 대처할 수 있는 전략을 마련해야 한다. 이를 위해 온라인 판매 채널을 확대하는 것은 기본적인 단계로, 이는 소비자들이 더욱 쉽게 접근할 수 있도록 하여 제품과 서비스의 시장을 넓히는 역할을 한다. 인터넷 쇼핑몰이나 소셜 네트워크 서비스(SNS)를 통한 쇼핑은 소비자들이 일상에서 자주 사용하는 플랫폼이기 때문에, 이러한 채널을 통해 판매를 확대하는 것은 시대의 요구에 부합하는 전략이다. 또한, 모바일 결제 시스템의 도입은 고객의 구매 경험을 한층 더 편리하게 만들어 준다. 이 시스템을 통해 고객은 시간과 장소에 구애받지 않고 손쉽게 결제할 수 있게 되며, 이는 구매 결정을 촉진시키는 중요한 요소가 된다. 배달 서비스의 제공 역시 고객의 편의를 극대화하는 중요한 전략이다. 제품을 직접 받아보고 싶어하는 고객의 요구를 만족시키기 위해, 소상공인들은 배달 옵션을 다양화하고, 신속하고 안전한 배송을 보장함으로써 고객 만족도를 높일 수 있다. 이는 장기적으로 고객의 충성도를 높이고, 입소문을 통한 새로운 고객 유입에도 긍정적인 영향을 미친다.

온라인 마케팅의 강화는 소상공인들이 더 넓은 고객층에 도달할 수 있게 해준다. 소셜 미디어 캠페인, 영향력 있는 사람들과의 협업, 고객 리뷰와 피드백을 활용하는 것 등 다양한 온라인 마케팅 전략을 통해 제품과 서비스의 인지도를 높이고, 고객과의 소통을 강화할 수 있다. 개인 맞춤형 서비스는 고객의 구매 경험을 개인화하여, 각 고객의 특별한 요구와 취향에 맞는 제품이나 서비스를 제공함으로써 고객 만족도를 극대화한다. 이는 고객이 자신의 요구가 충족되고 있다고 느끼게 하여, 장기적인 고객 관계를 구축하는 데 큰 도움이 된다.

마지막으로, 새로운 트렌드에 주목하고 이에 맞춰 사업을 지속적으로 변화시키는 것은 소상공인들이 경쟁에서 우위를 점하기 위한 필수적인 전략이다. 요약하자면, 시장 동향에 주의 깊게 반응하고 이에 대응함으로써, 지속 가능한 제품에 대한 수요 증가와 같은 신흥 기회를 활용할 수 있다. 조기에 적응하는 소규모 사업체는 틈새 시장에서 선도적인 위치를 확립할 수 있다. 또한, 오늘날 디지털 시대에 신뢰를 구축하고 고객 여정을 용이하게 하며 고객 선호도에 대한 귀중한 통찰을 얻기 위해서는 잘 설계된 웹사이트와 활발한 소셜 미디어 참여와 같은 강력한 디지털 존재감이 필수적이다.

내부적으로, 운영 효율성은 매우 중요하며 클라우드 컴퓨팅과 재고 관리 시스템과 같은 기술을 도입하는 것은 운영을 간소화하고 비용을 줄이는 데 도움이 된다. 소규모 사업체는 경쟁력을 유지하고 변화하는 시장에서 번성하기 위해 적극적이고 혁신적이며 적응력이 있어야 한다. 온라인 판매 채널 확장, 모바일 결제 옵션 도입, 개인화된 서비스 제공과 같은 전략을 채택함으로써 경쟁 우위를 유지할 수 있다. 디지털 변혁과 운영 효율성을 포용함으로써 지속 가능한 성장과 장기적인 성공을 위한 그들의 위치를 더욱 강화할 수 있다.

정부지원 활용하기

2

저금리 대출, 신용보증, 재정 지원

저금리 대출

소상공인들이 자금 조달의 어려움을 극복하고 사업을 성장시키기 위해서는 다양한 정부 지원 프로그램을 적극적으로 활용하는 것이 중요하다. 저금리 대출 프로그램을 통해 필요한 자금을 저렴한 이자로 조달할 수 있다. 중소기업진흥융자나 청년창업융자와 같은 프로그램이 이에 해당한다. 또한, 담보가 부족할 경우 중소기업신용보증제도나 청년창업신용보증제도와 같은 신용보증 혜택을 활용할 수 있다. 이는 금융기관으로부터 대출을 받을 때 큰 도움이 된다.

그 외에도, 연구개발, 마케팅, 교육 등 사업의 다양한 분야에서 필요한 재정 지원을 받을 수 있는 프로그램이 있다. 중소기업

기술혁신지원사업이나 창업진흥사업과 같은 정부 지원 프로그램을 통해 기술 개발, 시장 확장, 인력 양성 등에 필요한 자금을 지원받을 수 있다. 이러한 프로그램들은 소상공인들이 사업을 안정적으로 운영하고 성장시키는 데 큰 도움을 준다.

정부 지원 프로그램을 활용하려면 해당 프로그램의 자격 요건, 신청 방법, 필요 서류 등을 미리 확인하고 준비하는 것이 중요하다. 이를 위해 관련 웹사이트를 방문하거나 담당 기관에 문의하여 상세한 정보를 얻는 것이 좋다. 이러한 노력을 통해 소상공인들은 사업 운영에 필요한 다양한 지원을 받아 더욱 효율적이고 성공적인 사업 운영이 가능해질 것이다.

신용보증

소상공인들은 신용보증을 통해 자금 조달의 어려움을 해결할 수 있다. 중소기업신용보증제도는 중소기업을 대상으로 하는 신용보증 프로그램으로, 담보가 부족한 창업자를 지원하고 신용을 확보할 수 있도록 도와준다. 청년 창업자를 위한 청년창업신용보증제도도 마찬가지로 창업 자금 조달 지원 및 신용 확보를 목적으로 한다.

또한, 여성창업신용보증제도, 농어촌창업신용보증제도, 문화창업신용보증제도 등 다양한 신용보증 프로그램이 존재한다. 이러한 프로그램들은 특정 대상자나 업종에 맞춰진 맞춤형 지원을 제공하여, 다양한 분야의 창업자들이 자금을 조달하고 사업을 안정적으로 운영할 수 있도록 돕는다.

이들 신용보증 프로그램을 활용하기 위해서는 해당 프로그램의 자격 요건, 신청 절차, 필요 서류 등을 사전에 확인하고 준비하는 것이 중요하다. 관련 웹사이트를 방문하거나 기관에 문의하여 자세한 정보를 얻는 것이 좋다. 이를 통해 소상공인들은 필요한 자금을 보다 쉽게 조달하고, 사업의 성장과 발전을 이루는 데 큰 도움을 받을 수 있다.

신용보증기금 지원제도

창업단계 (창업활성화 맞춤형 프로그램)

구분		대상기업	우대내용
유망창업기업 성장지원 프로그램	예비창업보증	· 창업 전 6개월 이내	· 지원한도 10억(운전+시설) · 보증비율 100% · 보증료 0.7%p 차감
	신생기업보증	· 창업 후 3년 이내	· 지원한도 10~20억(운전) · 보증비율 95~100% · 보증료 0.4%p 차감
	창업초기보증	· 창업 후 3~5년 이내	· 지원한도 30억(운전) · 보증비율 95% · 보증료 0.3%p 차감
	창업성장보증	· 창업 후 5~7년 이내	· 지원한도 30억(운전) · 보증비율 90% · 보증료 0.3%p 차감
	유망청년창업 기업보증	· 창업 후 7년 이내 · 대표자 만 17~39세	· 지원한도 3억 · 보증비율 90~100% · 고정보증료율 0.3% 적용
>청년희망드림보증		· 창업 후 7년 이내 · 대표자 만 17~39세 · 제조업, 신성장기업 등	· 지원한도 3억 · 보증비율 95~100% · 고정보증료율 0.3% 적용
>신중년행복드림보증		· 창업 후 7년 이내 · 대표자 만 49세 이상 · 제조업, 신성장기업 등	· 지원한도 3억 · 보증비율 95~100% · 보증료 0.3%p 차감
>금융회사 특별출연 협약보증		· 핵심 정책분야 대상 기업 및 성장 유망기업	· 신보 · 보증비율 3년간 100% · 보증료 최대 0.2%p 차감 · 은행 · 대출금리 우대 · 보증료 최대 0.5%p 지원

출처: 신용보증기금 홈페이지

신용보증기금의 창업단계별 맞춤형 지원 프로그램에서 예비

창업보증은 창업 전 6개월 이내 예비 창업자에게 지원한도 10억(운전+시설)을 우대하고, 보증비율은 100%, 보증료는 0.7%를 차감한다. 신생기업보증은 창업 후 3년 이내 기업에 지원한도 10~20억(운전)을 우대하고, 보증비율은 95~100%, 보증료는 연 0.3%를 차감한다. 신중년행복드림보증은 창업 7년 이내이며 대표자가 49세 이상, 제조업, 신성장기업 등의 경우, 지원한도 3억을 우대하고, 보증비율은 95~100%, 보증료는 0.3%p 차감한다. 이러한 프로그램들은 창업 초기부터 성장 및 안정 단계까지 폭넓은 지원을 제공하고, 저렴한 비용으로 필요한 자금을 이용할 수 있도록 돕는다.

재정 지원

소상공인들은 다양한 재정 지원 프로그램을 활용하여 기술 개발, 창업 준비, 마케팅 활동 등 사업의 여러 분야에서 필요한 지원을 받을 수 있다. 이러한 지원은 소상공인들이 사업을 시작하고 성장시키는 데 큰 도움이 된다. 특히 중소기업기술혁신지원사업은 중소기업의 기술 개발 및 상용화에 초점을 맞춘 프로그램으로, 연구개발 자금 지원과 기술 상용화를 위한 다양한 도움을 제공한다. 이를 통해 중소기업들은 신기술 개발과 시장에의 빠른 적용으로 경쟁력을 갖출 수 있다.

창업진흥사업은 창업을 준비하는 예비 창업자들에게 자금 지원은 물론, 창업 과정에서 필요한 교육 및 컨설팅 서비스를 제공하여 창업의 성공률을 높이는 데 기여한다. 이러한 지원은 창업 초기에 맞닥뜨릴 수 있는 다양한 어려움들을 극복하고 사업을 안정적으로 운영할 수 있는 기반을 마련해 준다.

더불어, 마케팅지원사업, 교육훈련지원사업, 해외진출지원사업 등 소상공인들이 자신의 사업을 성장시키고 국내외 시장에서의 입지를 강화할 수 있도록 다양한 재정 지원 프로그램이 마련되어 있다. 이러한 프로그램들은 소상공인들이 마케팅 전략 수립, 직원 교육, 해외 시장 진출 등 사업 운영의 다양한 측면에서 필요한 지원을 받을 수 있게 해주며, 이는 경쟁력 있는 사업 운영과 지속 가능한 성장을 가능하게 한다.

이와 같은 재정 지원 프로그램을 신청하기 위해서는 각 프로그램의 자격 요건, 신청 절차, 필요 서류 등을 사전에 정확히 파악하는 것이 중요하다. 이를 위해 정부 기관의 공식 웹사이트를 방문하거나, 관련 기관에 직접 문의하여 상세한 정보를 얻는 것이 권장된다. 철저한 준비와 정확한 정보를 바탕으로 신청 절차를 진행함으로써, 소상공인들은 사업 운영에 필요한 다양한 지원을 효과적으로 활용할 수 있게 된다.

신청 방법

금융 지원을 신청하는 방법은 실로 다양하며, 각각의 방법은 그 특성에 따라 다른 절차와 요구 사항을 갖고 있다. 일반적으로, 은행이나 신용협동조합과 같은 전통적인 금융기관을 이용하는 경우, 직접 해당 기관의 지점을 방문하여 신청서를 작성하고 필요한 서류를 제출해야 한다. 이 과정에서 대출 상담사와의 면담을 통해 자금의 사용 목적이나 상환 계획 등에 대해 상세히 논

의할 수 있다. 반면, 이러한 기관들이 제공하는 온라인 플랫폼을 통해서는 집이나 사무실에서 편리하게 신청할 수 있다는 장점이 있다. 온라인 신청 시에는 웹사이트를 통해 전자적으로 서류를 제출하고, 신청 과정의 대부분을 원격으로 처리할 수 있다.

정부기관의 경우, 예를 들어 중소벤처기업부나 한국산업인력공단은 정부 지원금이나 저금리 대출과 같은 다양한 금융 지원 프로그램을 운영한다. 이러한 기관에 방문하여 직접 상담을 받거나, 공식 웹사이트를 통해 온라인으로 신청하는 방법이 있다. 온라인 신청의 경우, 필요한 서류를 디지털 형태로 제출하고, 신청 절차를 간편하게 진행할 수 있다는 이점이 있다.

추가적으로, 창업지원센터나 지역경제진흥원과 같은 지원기관을 통해서도 금융 지원을 신청할 수 있다. 이들 기관은 특히 지역 사회의 경제 발전과 창업 활성화를 목적으로 하며, 이에 따라 다양한 금융 지원 프로그램을 제공한다. 이러한 기관들을 직접 방문하거나, 그들의 온라인 플랫폼을 통해 신청할 수 있는 옵션이 있다.

이처럼 금융 지원을 신청할 수 있는 경로는 매우 다양하므로, 신청자는 자신의 상황과 필요에 가장 잘 맞는 방법을 선정하는 것이 중요하다. 각 금융 지원 프로그램의 신청 조건, 필요 서류, 제공하는 혜택 등을 면밀히 검토하여 최적의 결정을 내리는 것이 핵심이다.

쉽게 하는 금융지원 신청 꿀팁

정부기관 홈페이지 활용은 중소기업이나 신생 기업에게 매우 유용하다. 중소벤처기업부 또는 한국산업인력공단과 같은 기관의 홈페이지에서는 다양한 지원 프로그램에 대한 정보와 신청 절차를 쉽게 확인할 수 있다. 이를 통해 필요한 서류 준비부터 신청 방법까지 원활하게 진행할 수 있다.

맞춤형 프로그램 찾기는 사업의 성공을 위해 필수적이다. 사업의 특성과 요구 사항을 정확히 파악한 후, 이에 맞는 지원 프로그램을 선택하는 것이 중요하다. 이 과정에서는 사업 모델, 업종, 규모 등 다양한 요소를 고려해야 하며, 이를 통해 최적의 지원을 받을 수 있다.

전문가 상담 활용은 신청 과정이나 프로그램 선택에 있어 매우 도움이 된다. 전문가들은 사업자의 상황을 이해하고, 이에 맞는 최선의 조언을 제공한다. 이를 통해 복잡한 절차를 간소화하고, 신청 과정에서 발생할 수 있는 실수를 줄일 수 있다. 따라서, 전문가의 상담을 적극적으로 활용하는 것이 좋다.

이 세 가지 방법을 활용하면 소상공인들은 보다 쉽고 효율적으로 정부 지원 프로그램에 접근할 수 있다. 정보의 정확한 파악부터 맞춤형 프로그램의 선택, 전문가의 조언까지 다양한 자원을 활용하여 사업의 발전을 도모하는 것이 중요하다.

대체 자금 조달하기

3

온라인 금융 서비스

온라인 금융 서비스는 현대 소상공인들의 사업 운영에 있어서 필수적인 요소로 자리 잡고 있다. 특히, 온라인 대출 서비스는 기존의 은행 방문과 서류 제출 과정을 온라인상에서 해결할 수 있게 함으로써, 소상공인들이 자신의 사업장을 떠나지 않고도 필요한 자금을 신속하게 조달할 수 있는 경로를 제공한다. 이 과정에서 온라인 플랫폼의 직관적인 인터페이스는 신청부터 결제, 상환에 이르는 모든 절차를 명확하고 간결하게 안내하여, 시간과 노력의 절약은 물론 신속한 자금 운용이 가능하도록 돕는다. 이는 특히 급변하는 시장 상황 속에서 빠른 대응이 요구되는 소상공인들에게 큰 이점을 제공한다.

또한, 온라인 결제 시스템의 도입은 소상공인들이 고객 결제 처리를 보다 효율적으로 관리할 수 있게 해주며, 이는 고객 만족도 향상에 직결된다. 실시간으로 매출 데이터를 수집하고 관리함으로써, 소상공인들은 재고 관리와 매출 예측에 필요한 정확한 정보를 기반으로 전략을 세울 수 있고, 이는 장기적으로 사업의 성장과 안정성을 보장하는 데 기여한다. 자금관리 서비스의 경우, 회계와 세무 처리는 물론 자금 흐름의 모니터링을 간소화함으로써, 소상공인들이 복잡한 재무 관리 업무에 대한 부담을 줄이고 사업에 집중할 수 있게 한다. 특히, 이러한 서비스는 재무 상태의 투명한 관리를 가능하게 하여, 소상공인들이 더 나은 재무 결정을 내리고, 잠재적인 위험을 사전에 파악하여 대응할 수 있도록 지원한다.

결론적으로, 온라인 금융 서비스는 소상공인들에게 시간과 비용을 절약하고, 사업의 효율성과 경쟁력을 강화하는 다양한 방법을 제공한다. 이는 소상공인들이 빠르게 변화하는 시장 환경 속에서도 유연하게 대응하고, 지속 가능한 성장을 추구할 수 있도록 하는 중요한 역할을 한다. 온라인 금융 서비스는 현대 소상공인들에게 빼놓을 수 없는 중요한 자원이 되었다. 이러한 서비스들, 예를 들어, 토스 비즈니스, 카카오페이 비즈니스, 라인페이 비즈니스 등은 각기 다른 특징을 가지며 소상공인들의 비즈니스 운영에 큰 도움을 준다.

토스 비즈니스는 그 중에서도 특히 사용자 친화적인 인터페이스를 자랑한다. 소상공인들은 복잡한 절차 없이 간단하게 가입할 수 있으며, 몇 번의 클릭만으로 계정을 생성하고 실시간으로 매출 현황을 파악할 수 있다. 이는 시간이 부족한 소상공인들에게 큰 이점을 제공한다. 더불어, 토스 비즈니스는 세금 계산서를 자동으로 발행하는 기능을 통해 세무 처리의 복잡함과 시간 소요를 크게 줄여준다. 이는 소상공인들이 더 많은 시간을 본연의 비즈니스 활동에 집중할 수 있게 한다.

한편, 카카오페이 비즈니스는 광범위한 카카오톡 사용자 기반을 활용한 접근성이 돋보인다. 이 서비스를 통해 소상공인들은 수많은 카카오톡 사용자들과 쉽게 연결되고, 이들과 소통하며 결제를 처리할 수 있다. 이는 소비자들이 이미 친숙하고 신뢰하는 플랫폼을 통해 결제를 진행함으로써 고객 경험을 크게 향상시키고, 결제 과정의 편리성을 극대화한다. 따라서 소상공인들은 더욱 많은 고객들을 유치하고, 이들과의 거래를 원활하게 할 수 있다.

라인 페이 비즈니스는 특히 일본 및 동남아시아 시장에서의 인기를 바탕으로, 이 지역의 소상공인들에게 맞춤형 서비스를 제공한다. 라인의 강력한 메시징 애플리케이션 내에서 쉽고 편리한 결제 기능을 제공함으로써, 사용자들은 불편함 없이 결제할 수 있고, 소상공인들은 빠르게 매출 증대의 기회를 얻을 수 있다. 이를 통해 소상공인들은 라인을 사용하는 방대한 사용자 기반에 접근할 수 있으며, 이는 비즈니스 확장에 큰 도움이 된다. 이와 같이, 온라인 금융 서비스들은 소상공인들이 시장에서 경쟁력을 갖추고 성장할 수 있도록 다양한 방면에서 지원한다. 이들 서비스는 고객층 확대, 매출 증가, 경영 효율성 향상 등 소상공인들이 직면한 다양한 과제를 해결하는 데 중요한 역할을 한다.

크라우드 펀딩

크라우드 펀딩은 단순히 자금을 모으는 전략을 넘어서, 창의적이고 혁신적인 아이디어나 제품, 서비스를 세상에 소개하고 이를 실현할 기회를 제공하는 현대적인 자금 조달 방식이다. 이 방식은 특히 소액 투자자들로부터 다수의 자금을 모집함으로써, 초기 단계의 사업이나 아직 시장에서의 반응이 불확실한 신제품에 대한 사업 기회를 창출한다. 크라우드 펀딩을 통해, 사업자는 자신의 아이디어, 제품, 또는 서비스를 전 세계에 알릴 수 있는 독특한 기회를 갖게 되며, 이 과정에서 초기 고객 기반을 구축하고 직접 소통할 수 있는 장점이 있다. 이를 통해 사업자는 투자자들로부터 소중한 피드백을 수렴하고, 이를 바탕으로 사업 모델을 보완하여 시장에서의 성공 가능성을 높일 수 있다.

크라우드 펀딩의 가장 큰 특징 중 하나는 전통적인 금융 기관을 통한 자금 조달 방법과의 차별점에 있다. 인터넷 플랫폼을 활용하여 전 세계 어디서나 투자자를 찾을 수 있는 기회를 제공하여, 특히 초기 단계의 사업자나 기존의 금융 기관으로부터 지원을 받기 어려운 소상공인들에게 큰 도움을 준다. 이 방식을 통해 사업 아이디어가 시장에서 얼마나 호응을 얻을 수 있는지 사전에 검증할 수 있는 기회도 함께 제공되며, 이를 통해 사업자는 자금 조달뿐만 아니라 시장성 검증, 초기 고객층 확보 등의 다양한 이점을 누릴 수 있다.

또한, 크라우드 펀딩으로 자금을 모으는 과정은 사업에 대한 신뢰도를 높이는 데에도 크게 기여한다. 투자자들이 소액이라도 자금을 투자하기로 결정한 것은 해당 사업 아이디어나 제품에 대한 긍정적인 평가와 기대가 있다는 것을 뜻한다. 이러한 긍정적인 평가는 향후 추가적인 투자 유치나 사업 확장 과정에 있어서도 매우 긍정적인 신호로 작용할 수 있다.

크라우드 펀딩은 소상공인이나 창업자들에게 단순한 자금 조달의 창구를 넘어서, 시장성 검증, 고객 기반 구축, 사업 신뢰도 향상 등 다양한 부가적인 이점을 제공한다. 이러한 방식으로 자금을 조달하고자 하는 사업자는 자신의 아이디어나 제품을 효과적으로 소개하고, 투자자들과의 적극적인 소통을 통해 성공적인 크라우드 펀드를 만들 수 있다.

성장 잠재력 있는 사업 투자 유치

사모펀드와 벤처캐피탈은 단순히 자본을 제공하는 것을 넘어서, 성장 잠재력이 높은 사업에 대한 전문적인 평가와 전략적 지원을 통해 그 가능성을 현실로 만드는 데 중요한 역할을 한다. 이들은 특히 혁신적인 아이디어를 가진 스타트업이나, 시장 내에서 독특한 경쟁 우위를 점할 수 있는 기술력을 보유한 기업, 그리고 장기적으로 지속 가능한 강력한 사업 모델을 개발한 조직들에 주목한다. 이러한 기업들에게 사모펀드와 벤처캐피탈은 단순히 금융적 지원을 넘어서, 전략적 조언, 네트워크 연결, 인사 관리 등 다양한 부가가치 서비스를 제공함으로써, 기업이 시장에서 성공적으로 자리 잡을 수 있도록 돕는다.

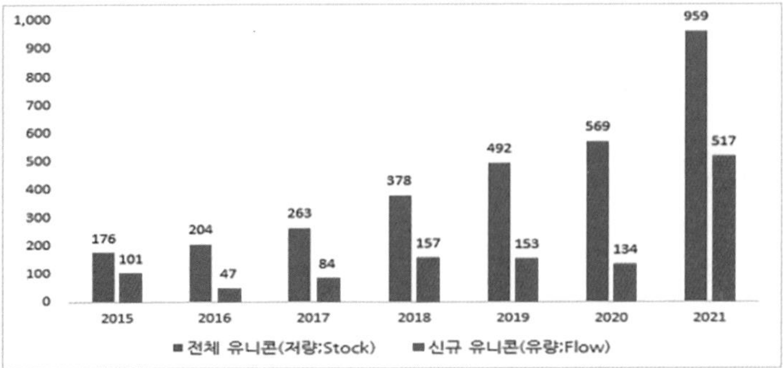

자료 : CBInsights, (2022), "State of Venture: Global 2021"

위 자료는 전 세계에서 발행된 주식(Stock)과 유동성(Funding Flow)을 나타내며, 주식 발행과 자금 유동이 시간에 따라 어떻게 변화했는지 보여준다. 주식 발행은 기존 유니콘 회사들의 주식이 시장에 공급된 양을 의미하고, 유동성은 시장에 새롭게 유입된 신규 유니콘 회사들의 자금 유입을 나타낸다. 2015년에는 주식 발행이 101건, 유동성이 176건으로 시작되어, 2021년에는 주식 발행이 517건, 유동성이 959건으로 급증했다. 이 데이터는 기존 유니콘 회사들이 안정적으로 성장을 지속하는 동안 신규 유니콘 회사들이 시장에 대거 진입하고 있는 현상을 보여주며, 이러한 정보를 통해 소상공인들은 시장의 동향을 파악하고, 자신의 사업 계획을 조정하며, 필요한 자금 확보 전략을 세울 수 있다.

이렇게 지원을 받게 되면, 기업은 연구개발을 강화하고, 마케팅 활동을 확대하며, 해외 시장으로의 진출과 같은 다양한 사업 확장 기회를 모색할 수 있다. 이로 인해 기업은 더 빠른 속도로 성장할 수 있는 기회를 얻게 되며, 이는 사모펀드와 벤처캐피탈에게도 상당한 수익으로 이어질 수 있다. 반면, 이들로부터 투자를 유치하기 위해서는 기업이 자신들의 성장 가능성과 시장 내 경쟁력을 명확히 드러낼 수 있는 강력한 사업 계획과 전략을 준비하는 것이 필수적이다. 이는 투자자들이 기업에 대한 신뢰를 갖고, 장기적인 파트너십 구축을 고려하게 만드는 결정적인 요소가 된다. 따라서, 기업이 성공적으로 사모펀드나 벤처캐피탈로부터 투자를 유치하고 싶다면, 자신들의 비즈니스 모델이 어떻게 시장에서 차별화될 수 있을지, 그리고 투자 후 어떻게 성장할 수 있을지에 대한 명확한 비전과 계획을 갖추는 것이 중요하다.

경영 지원 및 네트워킹 기회 제공

사모펀드와 벤처캐피탈은 단지 재정적 지원을 넘어서는, 사업의 성장과 발전을 위한 포괄적인 서비스를 제공한다. 이들 기관은 투자 분야에서 오랜 경험과 전문 지식을 보유한 전문가들로 이루어져 있으며, 사업 운영에 있어 필수적인 경영 전략과 실질적인 조언을 제공함으로써 기업의 성장을 돕는다. 예를 들어, 효과적인 마케팅 전략 수립, 재무 관리 최적화, 인적 자원 관리 개선 등 다양한 분야에서 맞춤형 컨설팅을 제공받을 수 있다. 이는 기업이 시장에서 우위를 점하고 지속 가능한 성장을 이루는 데 필수적인 요소다. 게다가, 사모펀드와 벤처캐피탈은 자신들이 보유한 방대한 네트워크를 활용하여, 투자자, 다른 기업, 심지어는 잠재 고객과의 연결고리 역할을 한다. 이를 통해 기업들은 새로운 비즈니스 협력 기회를 탐색하고, 자신의 사업을 국내외 더 넓은 시장에 소개할 기회를 얻게 된다. 특히, 글로벌 시장 진출이나 전략적 파트너십 구축에 있어 이러한 네트워크는 매우 중요한 역할을 한다. 이는 사업 확장과 다각화를 위한 견고한 기반을 마련해주며, 장기적인 성공을 위한 발판이 된다.

결국, 사모펀드와 벤처캐피탈은 단순한 자본 제공자를 넘어서, 사업의 성공적인 성장을 위해 다방면에서 지원을 아끼지 않는 중요한 동반자의 역할을 한다. 그들은 투자 기업에게 필요한 전문 지식, 경영 전략, 네트워킹 기회를 제공함으로써, 기업이 시장에서 경쟁력을 갖추고 지속 가능한 성장을 달성할 수 있도록 돕는다. 이러한 이유로, 사모펀드와 벤처캐피탈과의 협력은 소상공인 및 중소기업에게 매우 중요하며, 이들 기관과의 긴밀한 파트너십은 사업의 성공을 위한 핵심 전략 중 하나로 간주된다.

《1장의 핵심 포인트》

경쟁력 강화하기

소상공인 여러분이 시장에서 경쟁력을 강화하는 것은 변화된 소비자 취향을 반영하는 것에서 시작된다. 이 절에서는 편리함과 독창적인 경험을 제공하는 방법과 온라인 판매 채널을 통해 경쟁력을 높일 수 있는 전략을 제시한다.

정부 지원 활용하기

정부의 저금리 대출, 신용보증, 그리고 재정 지원을 활용하는 방법이 궁금하다면 이 절이 도움이 될 것이다. 소상공인들이 이러한 지원 프로그램을 활용하여 사업 성장을 가속화할 수 있는 구체적인 방법을 제공한다.

대체 자금 조달하기

전통적인 금융 방식에 의존하지 않고도 사업을 확장할 수 있는 방법을 찾고 있다면 이 절이 그 해답을 제공할 것이다. 온라인 금융 서비스, 크라우드 펀딩, 벤처캐피탈을 통한 투자 유치에 이르기까지 다양한 대체 자금 조달 방법을 소개하며 소상공인들이 새로운 기회를 포착할 수 있도록 돕는다.

Chapter.2

매장혁신
: 고객과 함께
새로운 경험 만들기

우리는 고객 참여 이벤트를 통해
매장을 감각적으로 만족스러운 공간으로
변모시켜 고객 경험을 극대화하고,
온라인과 오프라인의 경계를 없애며
다양한 기술을 활용하여
매장의 매력을 높이고
경쟁력을 강화할 수 있다.

고객의 마음을 사로잡는 매장 만들기

1

매장을 놀이터처럼, 고객 참여 이벤트로 즐거움 더하기

매장은 시각, 청각, 후각, 미각, 촉각을 모두 자극하여 고객에게 독특하고 즐거운 쇼핑 경험을 제공한다. 벽에는 아기자기한 그림과 조명이 시각적인 즐거움을 선사하고, 배경음악은 편안한 청각적 분위기를 조성한다. 공간 곳곳에는 향기로운 꽃과 상품의 향기가 가득해 후각을 자극하고, 다양한 시음 제품으로 미각을 만족시킨다. 마지막으로, 촉감이 좋은 제품들이 체험 가능하도록 배치되어 고객이 머무는 동안 최상의 편안함을 느낄 수 있게 한다. 이런 매장은 고객에게 단순한 제품을 제공하는 곳이 아닌, 모든 감각을 만족시키는 특별한 경험을 제공하는 장소가 된다.

매장 운영에 있어 사장님의 역할은 매우 중요하다

매장은 살아 있는 생명체로 간주되며, 사장님에 의해 깨끗하고 매력적으로 유지되어야 한다. 때로는 매장의 인테리어를 새롭게 바꾸거나, 예쁘고 아기자기한 소품을 추가하여 고객들이 매 방문마다 새로운 매력을 발견하게 해야 한다. 이러한 노력은 매장을 항상 신선한 느낌으로 유지시키며, 고객들이 더 자주 방문하게 만든다. 고객과 직원들에게 따뜻한 관심을 가지는 것도 중요하게 여겨진다. 고객의 니즈와 직원들의 동기부여에 대한 깊은 이해가 필요하며, 이를 바탕으로 고객의 기대를 충족시키고 직원들이 만족할 수 있는 근무 환경을 조성해야 한다. 행복한 직원들은 고객들에게도 긍정적인 에너지를 전달한다. 변화를 두려워하지 않고 새로운 시도를 하는 것은 매장 성장의 핵심이 되는 것으로 여겨진다. 새로운 메뉴 도입, 창의적인 마케팅 전략 실행 등 다양한 시도를 통해 매장을 더 발전시킬 수 있다. 실패를 두려워하지 않고 계속해서 매장을 성장시키려는 노력이 중요하다. 이와 같은 사장님의 역할이 충실히 이행된다면, 매장은 많은 사람들에게 사랑받는 특별한 장소가 될 것으로 여겨진다.

매장에서 일하는 직원들을 마법사들이라고 상상해 보자. 직원들은 매장 안에서 모든 사람이 행복하게 느낄 수 있는 마법을 부리며, 매장을 찾는 모든 사람들에게 잊지 못할 특별한 경험을 선사한다. 그래서 사람들은 이 매장을 다시 찾고 싶어 하고, 매장은 많은 사람들에게 사랑받는 특별한 장소가 된다.

온라인과 오프라인의 경계 없애기

온라인과 오프라인이 유기적으로 함께 작동하면, 고객들은 더욱 즐겁고 매장은 활기를 띠게 된다. 이 둘을 어떻게 연결할 수 있는지를 생각해야 한다. 인터넷에서 매장 정보를 쉽게 찾을 수 있게 해서 고객들이 우리 매장의 위치, 영업 시간, 제공하는 상품 등을 알 수 있게 하면, 마치 모험을 떠나는 듯한 기분으로 매장을 방문하게 된다. 이 정보를 웹사이트나 소셜 미디어에 게시하면 고객들이 우리 매장을 더 쉽게 찾아올 수 있다.

매장에서도 인터넷을 통해 쇼핑할 수 있게 해서 고객들이 집에서 편안하게 주문하고 결제할 수 있게 만들면, 마법 같은 편리함을 제공한다. 우리 매장의 웹사이트나 앱을 통해 쉽게 주문하고 결제할 수 있도록 하고, 배달 서비스를 제공하면 고객들이 집에서도 우리 매장의 맛있는 음식이나 멋진 상품을 즐길 수 있다.

인터넷에서 매장 할인 쿠폰을 나눠주면 고객들이 매장에 더 많은 관심을 가지게 된다. 우리 매장의 홈페이지나 소셜 미디어 계정에 가입만 해도 받을 수 있는 할인 쿠폰을 제공하거나, 특별 이벤트나 행사 소식을 먼저 알려주는 것이 좋다. 이렇게 하면 고객들이 우리 매장에 더 관심을 가지고 방문하게 된다. 이렇게 온라인과 오프라인을 성공적으로 연결하면, 고객들이 매장을 더 자주 방문하게 되고, 매장은 더 많은 고객들을 만날 수 있게 된다.

고객이 원하는 것을 알아맞히는 시스템

고객의 마음을 헤아리는 방법을 생각해 보자. 그러면 우리 매장에 들어서는 모든 고객의 취향, 마음에 들어 한 것들, 그들이 우리에게 직접 전한 귀중한 피드백까지 모든 것을 한데 모을 수 있다. 이 모든 정보를 취합하면, 고객들이 앞으로 무엇을 원하고 어떤 것에 마음을 빼앗길지 예측할 수 있게 된다.

데이터 분석의 마법사라 불릴 전문가의 도움을 받아, 고객의 마음을 정확히 파악하는 마법 같은 마케팅 계획을 수립할 수 있다. 그리고 고객을 깜짝 놀라게 하는 마법도 있다. 고객이 확실히 좋아할 메뉴나 상품, 그리고 신나는 이벤트를 추천해줌으로써, 고객은 마치 기적을 경험한 것처럼 깊은 감동을 받게 된다. 특별한 날을 함께 기념해주고, 오랫동안 우리 매장을 찾아준 고객에게는 감사의 선물을 전달하여, 우리와 더욱 친밀해질 수 있게 만든다.

소통의 마법으로, 온라인이나 매장 안에서 다양한 방법으로 고객과 대화를 나누고, 참여를 유도하는 재미있는 활동을 마련하여 매장과 고객이 함께 즐거운 시간을 보내게 한다. 고객의 소중한 의견을 경청하고, 그들이 무엇을 더 원하는지 알아내어 매장을 더욱 멋지고 매력적인 곳으로 탈바꿈시킨다.

이러한 방법들을 통해 우리 매장은 고객들로부터 사랑받는 멋진 장소로 거듭날 것이다. 고객들은 우리 매장을 더 자주 찾게 되며, 매장은 더 많은 고객들과 함께 즐거운 시간을 보낼 수 있게 될 것이다.

시장에서 당신만의 자리 만들기

2

가) 경쟁 파악과 독특한 차별점 발견하기

사장의 삶은 전혀 새로운 여정이다. 경쟁사를 파악하는 것은 마치 숨겨진 보물을 찾아내는 흥미로운 탐험과 같다. 그들의 강점과 약점을 세심하게 분석하여, 당신의 사업에 반짝이는 개성을 더해보자. 이 과정을 통해, 당신은 시장에서 유일무이한 위치를 확보할 수 있다.

SWOT 분석을 활용하는 것은, 게임에서 최종 보스를 격파하는 전략을 세우는 것과 유사하다. 자신의 장점과 단점을 명확히 인식하고, 새로운 도전을 위한 기회와 주의해야 할 위험을 발견함으로써, 당신의 사업 전략을 창의적으로 구상할 수 있다. 경쟁사 분석을 통해, 그들이 어떠한 상품을 어떻게 판매하고 홍보하는지를 관찰하면, 당신만의 차별화된 경쟁력을 개발할 수 있는 영감을 얻게 될 것이다.

SWOT분석

S (강점)	**W** (약점)
O (기회)	**T** (위협)

- 외부환경분석을 바탕으로 기회/위협 요인 파악
- 우리 내부의 현황분석을 바탕으로 강점/약점 요인 파악

SWOT Matrix 분석을 통한 전략 도출

SO 전략

S W / O T	강점을 기반으로 기회를 최대한 활용하는 전략	성장전략

ST 전략

S W / O T	강점을 기반으로 위협에 적극적으로 대처하는 전략	경쟁우위 전략

WO 전략

S W / O T	약점을 기반으로 기회를 가능한 활용하는 전략	개선혁신 전략

WT전략

S W / O T	약점을 보완하여 위협에 가능한 회피하는 전략	생존혁신 전략

출처: SWOT 이론에 대한 저자의 재해석

고객 분석은 당신의 사업을 성공으로 이끄는 나침반과도 같다. 소비자들이 무엇을 원하는지, 현재 무엇이 유행인지를 파악하여, 그들의 기대를 초월하는 전략을 세워보자. 이 방법으로 당신의 매장은 더 많은 방문객으로 북적일 것이다. 독특한 차별화 전략을 마련함으로써, 당신의 사업은 눈부시게 빛나기 시작할 것이다. 당신만의 특별한 가치를 찾아내고, 이를 고객에게 전달함으로써, 당신의 사업은 시장에서 뚜렷한 인상을 남길 것이다. 당신이 제공하는 독보적인 가치와 브랜드 이미지는, 고객들로 하여금 당신과 더 깊은 관계를 맺고자 하는 욕구를 자극할 것이다.

당신만의 브랜드를 구축하고 이를 통해, 당신의 사업은 고객의 마음속에 지울 수 없는 강렬한 인상을 남길 것이다. 당신이 제공하는 독특한 가치와 브랜드 이미지는 고객들로 하여금 당신과의 더 깊은 연결을 추구하게 만들 것이다. 이 모든 요소가 결합될 때, 당신의 사업은 시장에서 당신만의 명확한 자리를 차지할 수 있다.

변화의 선두주자가 되어, 당신의 사업에 새로운 활력을 불어넣어보자. 시장 변화에 신속하게 대응하고 새로운 기회를 적극적으로 포착함으로써, 당신의 사업은 경쟁에서 앞서 나갈 수 있다. 최신 트렌드를 지속적으로 탐색하고 분석함으로써, 당신은 시장에서 누구보다 빠른 성장의 길을 개척할 수 있다.

나) 지역 사회와의 유대 강화

지역 사회와의 긴밀한 연결은 소상공인에게 매우 큰 힘을 부여한다. 지역 축제나 이벤트에 적극적으로 참여하여, 당신의 가게를 지역사회의 이슈로 만들어보자. 이를 통해 지역 사회와 따뜻한 관계를 맺고, 당신의 가게에 대한 긍정적인 이미지를 심어줄 수 있다. 지역 사회를 위한 기여 활동에 참여함으로써, 당신의 사업이 지역 발전에 기여하는 모습을 보여주고, 사회적 책임을 성공적으로 수행할 수 있다. 이러한 노력은 지역 주민들과 소통의 교량을 놓아주며, 결국 당신의 사업의 성장과 발전으로 이어진다. 지역 사회와의 활발한 교류는 당신의 가게를 지역의 소중한 자산으로 만들고, 지속 가능한 성장의 기반을 마련해 준다.

다) 지속적으로 품질을 높이고 혁신에 도전하기

지역 사회와 함께 성장하는 여정은 마법 같은 모험이다. 소상공인들은 자신만의 지도를 그리며 지역 사업체들과 손잡고 공동 마케팅 전략을 세우고, 혁신적인 상품 개발에 나선다. 이 과정은 서로의 장점을 공유하며 새로운 기회의 문을 활짝 여는 것과 같아, 모든 참여자에게 가치 있는 보상을 약속한다. 지역 사회 네트워킹은 이 대모험의 돛과 같아, 서로의 정보를 나누고 협력 사업을 추진함으로써, 각자의 배가 더욱 멀리, 더욱 안전하게 항해할 수 있도록 한다. 지역 주민들과의 만남은 새로운 아이디어의 보물섬을 발견하는 기회로, 이는 결국 모두에게 성공의 길을 제시한다. 지역 사회와의 파트너십 구축은 이 모험의 핵심이다. 서로를 위해 존재하는 관계를 만들어 가면서, 지역 사회는 더욱 건강하고 에너지 넘치는 곳으로 변모한다. 이러한 파트너십은 강한 연대감을 형성하며, 함께 더 큰 목표를 향해 나아갈 수 있는 든든한 지지대가 된다.

이를 통해 소상공인들은 끊임없이 품질 좋은 상품과 서비스를 제공하는 것과 동시에, 새로운 아이디어에 도전하는 용기를 가져야 한다. 마치 모험가가 미지의 세계를 탐험하듯, 시장의 변화를 주시하며 지속적으로 혁신을 추구해야 한다. 이 과정에서 실패를 겪더라도, 그것을 성장의 발판으로 삼아 더욱 단단해져야 한다. 이 모험은 단순히 사업의 성공을 넘어서, 지역 사회 전체의 번영으로 이어진다. 함께 만들어 가는 이 관계와 네트워크는 지역 사회를 더욱 단결시키며, 더 밝은 미래를 향한 희망을 제공한다. 모험의 종착점에 도달했을 때, 소상공인들은 자신들만의 독특한 위치를 시장에서 확고히 할 수 있다. 그리고 이 과정에서 얻은 경험과 지식은 지역 사회 내에서 새로운 가치를 창출하는 데 없어서는 안 될 자산이 된다.

지역 사회와 협력하여 상생하는 모델을 만드는 것은 시작에 불과하며, 이 여정은 지속적으로 발전하고 확장되어야 한다. 소상공인들은 이 대모험을 성공적으로 이끌기 위해 지역 사회와의 관계를 지속적으로 강화하고, 서로를 위한 가치를 창출하는 데 집중해야 한다. 이렇게 함으로써, 그들은 지역 사회 내에서 중요한 역할을 수행하며, 함께 성장하는 밝은 미래를 만들어 갈 수 있다.

지역 사회와의 협력을 통한 상생 모델 구축은 쉽지 않은 여정이지만, 이를 통해 얻을 수 있는 보상은 매우 크고 의미 있으며, 시장과 지역 사회에 긍정적인 변화를 가져올 것이다.

최신 기술로 매장을 똑똑하게

3

가) 새로운 기술로 쇼핑하는 재미 높이기

집에서 편안하게 가상 안경을 쓰고, 옷을 입지 않아도 여러 스타일을 시험해 볼 수 있다고 상상해 보자. 이것이 바로 AR(Augmented Reality: 증강현실)과 VR(Virtual Reality: 가상현실) 기술이 가져다주는 마법 같은 변화다. AR은 우리 주변 세상에 가상 이미지를 겹쳐 보여주고, VR은 우리를 전혀 다른 가상 세계로 이끌어준다. 가상 매장 방문은 마치 마법의 세계에 들어간 것처럼 느껴지게 한다. AR/VR 기술로 실제 매장에 있는 것처럼 가구나 인테리어를 자세히 살펴볼 수 있다. 상품을 살펴보는 이 새로운 방법은 쇼핑의 즐거움을 더해준다. 특별한 이벤트나 프로모션 때는 AR/VR 기술로 더욱 몰입감 있는 쇼핑 경험을 제공해준다. 마치 게임 속 주인공이 된 것 같은 쇼핑 경험은 분명 재미

있고 신나게 해준다.

AI는 마치 지혜로운 마법사처럼 우리의 취향과 구매 패턴을 분석해서 딱 맞는 상품을 찾아준다. 온라인 쇼핑몰이나 매장 내 앱에서 AI는 우리의 쇼핑 여정을 더 특별하게 해준다. 매장 곳곳에 설치된 터치스크린과 디지털 사이니지(Digital Signage)는 마법의 거울처럼 우리에게 매장의 최신 정보를 알려준다. 또한, SNS나 매장 내에서 진행되는 고객 참여 이벤트는 쇼핑을 더욱 재미있는 모험으로 만들어준다.

이 모든 혁신적인 기술들의 도입은 쇼핑을 더욱 매력적인 활동으로 변모시키고, 소상공인들에게 시장에서 독특한 자리를 차지할 수 있는 기회를 열어준다. 기술의 발전은 쇼핑의 미래를 새롭게 쓰고, 고객들이 쇼핑을 통해 얻을 수 있는 새로운 경험을 파악해야 한다.

나) 데이터로 고객의 마음을 읽는 법

AR과 VR 기술은 우리의 쇼핑 경험을 마법 같은 변화로 이끈다. AR은 현실 세계에 가상 이미지를 더해주고, VR은 우리를 전혀 다른 가상 세계로 안내한다. 가상 매장 방문은 마법의 세계에 들어선 듯한 느낌을 준다. AR/VR 기술로 실제 매장에 있는 것처럼 가구나 인테리어를 자세히 살펴볼 수 있다. 이 새로운 방법은 쇼핑의 즐거움을 배가시킨다. 특별한 이벤트나 프로모션 때는 AR/VR 기술로 몰입감 높은 쇼핑 경험을 제공한다. 게임 속

주인공처럼 쇼핑하는 경험은 쇼핑을 훨씬 더 재미있고 신나는 활동으로 만든다.

AI는 우리의 취향과 구매 패턴을 분석해 마법사처럼 딱 맞는 상품을 찾아준다. 온라인 쇼핑몰이나 매장 내 앱에서 AI는 우리의 쇼핑 여정을 특별하게 만든다. 매장 곳곳에 설치된 터치스크린과 디지털 사이니지는 마법의 거울처럼 매장의 최신 정보를 전달한다. SNS나 매장 내에서 진행되는 고객 참여 이벤트는 쇼핑을 모험으로 변모시킨다. 이 모든 혁신적인 기술들의 도입은 쇼핑을 매력적인 활동으로 변모시키고, 소상공인들에게 시장에서 독특한 자리를 차지할 수 있는 기회를 제공한다. 기술의 발전은 쇼핑의 미래를 새롭게 쓰며, 고객들이 쇼핑을 통해 얻을 수 있는 새로운 경험을 탐색하게 한다.

고객 데이터로 마법처럼 고객의 마음을 읽어보자. 데이터는 고객이 어떤 상품을 선호하고, 어떻게 매장을 찾아오며, 온라인에서 무엇을 검색하는지 알려준다. 이 정보를 통해, 고객의 구매 패턴과 선호를 정확히 파악하고, 매장 레이아웃을 최적화하며, 온라인상에서의 소통을 강화한다. 고객 데이터 분석은 고객의 기대를 초월하는 맞춤형 서비스를 제공하는 데 필수적이며, 소상공인들이 고객 만족도를 높이고 시장에서 더 큰 자리를 차지하는 데 도움을 준다. 데이터 분석은 고객과의 관계를 새롭게 정의하고, 쇼핑을 개인화하며, 매력적인 활동으로 변모시킨다.

다) 효율적인 매장 관리를 위한 스마트 도구들

POS(Point Of Sales: 판매관리시스템) 시스템과 클라우드 컴퓨팅은 매장 관리를 혁신한다. 이러한 도구들은 매장 운영의 효율성을 극대화하고, 어디서든 매장 데이터에 접근할 수 있는 유연성을 제공한다. 소상공인들이 이 혁신을 적극적으로 도입한다면, 시장에서 더 큰 경쟁력을 가질 수 있으며, 고객의 니즈를 더욱 정확하게 파악할 수 있다.

출처: 중소벤처기업 연구원 제21-11호

디지털과 스마트 기술을 활용하면 소상공인은 공급자 및 고객과의 거래 활동과 기업 내부의 생산 및 운영 활동에서 편의성과 효율성을 향상시키고 생산성을 높일 수 있다. 중소벤처기업 연구원에서 발행한 보고서 2021년 6월호, 제21-11호에 따르면, 이러한 기술적 접근은 기업의 경쟁력을 강화하고 비용을 절감하는 동시에, 시장 변화에 민첩하게 대응할 수 있도록 돕는다. 우리는 이 정보를 활용하여 고객 요구에 보다 신속하게 대응하고, 사업 운영의 원활함을 증진시킬 수 있다. 이 과정에서 기업은 시장 내 위치를 더욱 강화하고 장기적인 성장을 도모할 수 있다.

성장을 위한 계획 세우기

4

가) 목표를 작은 단계로 나누어 실현 가능하게 하기

꿈을 현실로 바꾸는 여정은 목표 설정에서 시작한다. 항해사가 정확한 좌표 없이 바다를 항해할 수 없듯, 명확한 목표 없이 사업을 운영하는 것은 방향을 잃기 쉽다. 예를 들어, '3개월 안에 매출 20% 증대'는 단순한 숫자를 넘어, 사업의 명확한 방향성을 제시한다. 마찬가지로, '6개월 안에 온라인 매장 구축'은 물리적 공간을 넘어 디지털 확장을 의미하며, 새로운 시장과 이러한 목표가 있어야 방향을 잃지 않고 항해할 수 있다.

이러한 목표를 달성하기 위해, 우리는 큰 목표를 작은 단계로 나누어 구체적인 계획을 세운다. 각 단계에는 명확한 마감 시간과 책임자가 지정되어, 사업의 나침반이 되어준다. 이 과정은 마치 복잡한 레고 블록을 하나씩 조립해 나가는 것과 같다. 처음에는 어떻게 맞춰질지 알 수 없지만, 점차 원하는 모양이 완성되어 간다.

실행 계획을 세울 때는 마치 요리할 때 레시피를 따르는 것과 같다. 예를 들어, 'SNS 홍보 강화'는 어떤 SNS 채널이 사업에 가장 잘 어울리는지 분석하고, 그를 통해 어떤 메시지를 전달할지 결정하는 과정이다. 또한, '새로운 상품 개발'은 시장 조사를 통해 고객의 요구와 최신 트렌드를 파악하고, 그에 맞는 상품을 개발하는 과정을 포함한다. 이러한 계획들은 필요한 자원을 확보하고 효과적으로 활용하는 것을 목표로 한다. 각 단계의 성공은 당신에게 성취감을 주며, 더 큰 목표를 향해 나아가는 데 필요한 에너지를 제공한다.

'매주 10%씩 매출 증대'나 '1개월 안에 온라인 쇼핑몰 구축'과 같은 목표는 매주 또는 매달 작은 승리를 경험하게 해준다. 이는 사업의 성장을 가속화하고, 당신의 사업 여정을 의미 있고 즐거운 모험으로 만들어준다.

이 과정을 통해, 당신은 사업이 명확한 목표를 가지고 전진하는 모습을 상상할 수 있다. 단계별 목표를 세우고, 실행 계획을 수립하며, 필요한 자원을 확보하는 것은, 당신의 사업이 목표를 향해 한 걸음 한 걸음 나아가게 만든다. 결국, 각 단계의 성공을 통해 최종 목표에 도달하는 과정에서 느껴지는 성취감은 이루 말할 수 없을 것이다. SMART 목표 설정부터 실행 계획 수립에 이르기까지, 이 모든 과정은 소상공인들이 자신의 사업을 재미있고, 동기부여가 되며, 결국 보람차게 느끼게 하는 여정이 될 것이다.

나) 변화에 유연하게 대응하여 계획을 조정하는 법

시장의 바다는 끊임없이 변화한다. 이 바다에서 항해를 계속하려면, 시장 트렌드, 경쟁사 동향, 고객 반응 등을 지속적으로 모니터링하는 것이 필수적이다. 마치 선장이 바람과 파도를 주시하며 항로를 조정하는 것처럼, 소상공인도 시장 상황과 고객 니즈의 변화에 주의를 기울여야 한다. 필요에 따라 설문조사나 고객 인터뷰를 진행하여, 고객의 목소리를 직접 듣고 이해하는 것은 소중한 통찰을 얻는 방법이다.

그러나 변화에는 항상 민첩하게 대응하는 유연성이 요구된다. 계획 조정은 마치 바람의 방향이 바뀌었을 때 항해 경로를 바꾸는 것과 같다. '새로운 트렌드를 반영한 상품 개발', '홍보 전략 변경'과 같은 조정은 사업을 시장의 최전선에 두기 위해 필수적이다. 이러한 조정 사항은 직원들과 명확하게 소통하여, 모두가 같은 방향을 향해 노를 젓도록 해야 한다. 또한, 피드백 수렴 및 개선 과정은 사업의 항해를 더욱 원활하게 만든다. 직원들과 고객들로부터의 피드백은 마치 바다 위의 등대처럼, 우리가 어떤 부분을 개선해야 할지를 알려준다. '고객 만족도 조사', '팀 회의'를 통해 정기적으로 성과를 측정하고 평가하는 것은, 사업의 항로를 정확하게 유지하고, 필요한 경우 조정하는 데 있어 중요하다.

이 모든 과정을 통해, 소상공인은 변화무쌍한 시장의 파도 위에서도 꿋꿋이 자신의 사업을 이끌어 갈 수 있다. 시장 상황 및 고객 니즈의 변화에 귀를 기울이고, 계획을 유연하게 조정하며, 피드백을 수렴하여 개선함으로써, 사업은 지속적으로 성장의 길을 걸을 수 있다.

다) 모두가 함께 힘을 모아 목표 달성하기

사업의 성공은 단독으로 이루어지는 것이 아니라, 직원 모두가 함께 만들어가는 결과물이다. 이 과정에서 직원들의 참여 유도는 마치 오케스트라의 지휘자가 각 악기의 선율을 하나로 조화시키는 것과 같다. 목표 설정 및 계획 수립 과정에 직원들을 참여시키는 것은, 그들의 아이디어와 에너지를 사업에 불어넣는 방법이다. '팀 회의', '브레인스토밍'을 통해 다양한 아이디어를 수집하고, 그중에서 최고의 아이디어를 선택하여 실행에 옮긴다. 적극적인 소통은 직원들이 사업의 방향과 진행 상황을 명확히 이해하고, 어떤 문제점이 있는지 공유하는 데 중요하다. '정기적인 미팅', '메신저 그룹'과 같은 소통의 도구를 활용하여, 직원들과의 대화를 활발하게 유지하라. 이는 직원들이 자신의 의견이 존중받고 있다고 느끼게 하여, 더욱 적극적으로 참여하고 기여하게 만든다. 또한, 직원들의 동기 부여는 그들이 최선을 다해 일할 수 있는 환경을 조성한다. 성과를 인정하고 칭찬하는 것은, 직원들이 자신의 일에 대한 긍정적인 피드백을 받고 있다고 느끼게 한다. '칭찬', '보너스'와 같은 보상 및 인센티브는 직원들이 자신의 노력이 가치 있고, 사업의 성공에 기여하고 있다는 것을 실감하게 해준다.

직원들의 참여를 유도하고, 적극적인 소통을 통해 의견을 수렴하며, 동기를 부여하는 것은 조직의 결속력을 강화하고, 사업의 성공을 위한 동력을 제공한다. 이 모든 과정을 통해, 사업은 직원 모두의 창의력과 열정이 결합된 힘으로 전진할 수 있다.

새로운 기회를 찾아서

5

가) 환경을 생각하는 사업 아이디어로 새로운 시장 개척하기

당신의 사업이 추구하는 꿈을 다시 들여다본다. 이는 마치 오래된 나침반을 새로운 목적지로 조정하는 것 같다. 변화하는 시장 환경과 고객 니즈에 귀를 기울이며, 비전과 미션을 현재의 흐름에 맞게 조정한다. 이 과정에서 당신의 사업을 돋보이게 하는 핵심 경쟁력을 발견하고 이를 더욱 강화한다.

공유경제가 확산되는 요즘, 당신이 운영하는 카페에서는 재활용 커피 잔을 사용하는 고객에게 할인을 제공한다. 이런 노력은 환경 보호에 기여하면서 고객들에게 새로운 가치를 제시하는 방법이다. 명확하게 정의된 가치를 고객에게 전달함으로써, 당신의 사업은 더욱 빛난다. 끊임없이 새로운 가치 창출 방식을 모색하며, 최신 기술과 트렌드, 그리고 변화하는 고객의 요구를 사업에 반영한다. 이 모든 것은 마치 사업을 둘러싼 바다에서 당신의 배가 더욱 빠르고 정확하게 목적지로 항해하는 것을 가능하게 한다.

나) 창의적인 제품과 서비스로 고객의 필요 충족시키기

시장 변화에 민첩하게 대응하는 건 서핑을 하듯, 파도의 움직임을 지속적으로 관찰하고 그에 맞춰 움직이는 것과 같다. 시장 트렌드, 경쟁사 동향, 고객 반응을 꾸준히 분석해서 변화에 신속하게 대응한다. 새로운 기회를 발견하고 위험을 미리 예측해, 그 상황에 맞는 적절한 전략을 세우는 것이 중요하다. 예를 들어, 최근에는 비대면 서비스가 강조되고 있다. 이런 시기에는 온라인 주문 시스템을 도입하거나, 배달 서비스를 강화하는 등의 대응전략을 세울 수 있다.

다) 장기적인 안목으로 리스크 관리하고 투자하기

장기적인 안목으로 리스크 관리하고 투자하는 것은 사업을 안정적으로 운영하고 성장시키는 데 중요하다. 사업의 운영 과정에서 발생할 수 있는 여러 위험 요소를 미리 파악하고, 이를 효과적으로 관리하는 것이 필요하다. 예를 들어, 최근에는 환경 규제가 강화되면서, 이에 대한 대응 전략이 필요하다. 이런 경우, 환경 친화적인 제품 개발이나, 친환경 인증을 획득하는 등의 방법을 고려할 수 있다. 효율적인 투자는 사업 성장의 핵심 열쇠와 같다. 장기적인 목표 달성을 위해선, 단순히 돈을 투자하는 것만으로는 충분하지 않다. 투자 전략을 세우고, 그 전략에 따라 효율적으로 투자하는 것이 중요하다.

예를 들어, 당신의 사업이 앞으로 확장을 계획하고 있다면, 어떤 분야에 투자를 할 것인지, 그리고 어떻게 투자를 진행할 것인지에 대한 계획이 필요하다. 이런 계획을 세우기 위해서는 시장 분석과 고객의 니즈 파악, 그리고 경쟁사의 동향 등을 고려해야 한다. 결국, 효율적인 투자는 우리의 사업을 안정적으로 성장시키고, 미래에 대비하는 데 큰 도움이 된다. 이는 마치 성장하는 나무에 물을 주는 것과 같다. 투자를 통해 우리의 사업은 더 확실하고, 더 크게 성장할 수 있다. 이를 통해, 소상공인들은 자신의 사업을 성공적으로 운영하고 안정적인 성장을 이룰 수 있을 것이다.

《2장의 핵심 포인트》

고객의 마음을 사로잡는 매장 만들기

매장을 고객 참여 이벤트로 즐거운 놀이터처럼 만들어 모든 감각을 자극하며 고객에게 독특하고 즐거운 쇼핑 경험을 제공한다.

온라인과 오프라인의 경계 없애기

온라인과 오프라인의 유기적 통합을 통해 고객이 언제 어디서나 매장과 상호작용할 수 있게 하여, 매장의 접근성과 편의성을 높인다.

고객이 원하는 것을 알아맞히는 시스템

데이터 분석과 피드백을 활용하여 고객의 선호와 행동 패턴을 파악하고, 이를 기반으로 고객 맞춤형 제안을 통해 매장 방문을 유도한다.

시장에서 당신만의 자리 만들기

독특한 차별점을 발견하고 경쟁자를 분석하여 소상공인의 사업이 시장에서 독보적인 위치를 확보하도록 돕는다.

최신 기술로 매장을 똑똑하게

AR, VR, AI 등 최신 기술을 도입하여 쇼핑 경험을 혁신적으로 개선하고, 매장 관리의 효율성을 극대화한다.

Chapter.3

변화하는 시장에 적응하기

우리는 지역 사회와 협력하여
지역 경제를 활성화하고,
변화하는 시장 트렌드에
빠르게 적응하며,
다양한 정부 지원 프로그램을
활용하여 사업의 지속 가능한
성장을 도모할 수 있다.

함께하면 더 강하다 : 지역 상권 활성화

1

가) 이웃 사업체와 함께하는 즐거운 프로젝트

이웃 사업체와 손잡고 펼치는 프로젝트는 바로 우리 모두의 동네를 무대로 한 놀라운 아이디어 쇼케이스와도 같다. 소상공인들은 창의력의 대가가 되어 각자의 가게 앞에서 이웃 사업체와 함께 아이디어를 발휘해보자. 이 아이디어는 고객들을 단숨에 매료시키는 힘이 있으며, 이벤트 개최는 마치 지역 축제의 주인공이 되어 모든 이의 시선을 한 몸에 받는 듯한 기분을 선사한다. 우리의 작은 거리가 바로 세상에서 가장 활기찬 축제의 장으로 변모하는 순간이다.

그리고 나서, 우리는 온라인의 무대로 발걸음을 옮겨, 공동으로 운영하는 온라인 쇼핑몰을 관리하자. 우리 모두가 협력하여 각자의 상품을 전 세계에 선보일 수 있는 아이디어를 공유한다. 마치 눈부신 불꽃놀이처럼, 각자의 상점에서 가장 빛나는 상품들이 온라인상의 하늘을 수놓는다. 이는 고객들에게 새로운 쇼핑의 경험을 제공하며, 우리의 손길이 닿지 않는 곳까지 우리의 이야기를 전한다. 또한, 배달 서비스에서도 아이디어의 협업을 발휘해보자. 각자의 특색 있는 메뉴나 상품을 결합하여 새로운 배달 메뉴를 만들어내거나, 배달 비용을 공유함으로써 더 많은 고객들에게 접근할 수 있다. 이는 마치 여러 색깔의 실이 서로 얽혀 아름다운 태피스트리(tapestry)를 만들어내는 과정과도 같다. 고객들은 이 새로운 협력의 결실을 통해 더 다양하고 풍부한 선택을 할 수 있게 된다.

이 모든 프로젝트는 지역 사회를 더욱 단단히 묶어주는 강력한 연결 고리가 된다. 이웃 사업체와의 협력은 단순한 비즈니스 전략을 넘어서, 우리 모두가 하나의 커다란 가족이 되는 여정이다. 서로의 성공을 기뻐하고, 어려움을 함께 나누며, 모두가 함께 성장하는 것, 이것이 바로 이 즐거운 프로젝트의 진정한 아이디어의 힘이다. 지역 사회와 함께하는 이 여정은 우리 모두에게 더 큰 가능성의 문을 열어주며, 함께 꿈꾸고, 함께 이루어가는 희망찬 미래로 안내한다.

나) 지역 사회와 소통하며 함께 성장하는 방법

지역 사회와의 교류는 단순한 상호작용을 넘어, 우리 모두가 함께 꿈꾸고 성장하는 여정이다. 소상공인으로서 우리가 할 수 있는 첫 번째 일은 지역 주민들을 위한 할인 행사를 열어, 우리의 문턱을 낮추는 것이다. 이는 마을 사람들에게 우리 가게가 단순한 상업 공간이 아닌, 커뮤니티의 일부임을 보여주는 실질적인 방법이다. 또한, 지역 행사에 적극적으로 참여하고 후원함으로써, 우리는 공동체의 일원으로서의 책임감과 소속감을 강화할 수 있다. 이러한 행사는 우리의 가게를 넘어 지역 사회의 발전에 기여하는 기회가 될 것이다.

지역 사회 문제에 직접 기여하는 것은 우리가 살고 있는 곳을 더 나은 공간으로 만들기 위한 중요한 단계다. 작은 변화가 큰 파장을 일으키는 것처럼, 우리의 노력 하나하나가 지역 사회의 긍정적 변화를 이끌 수 있다. 지역 커뮤니티 활동에 참여하는 것은 우리가 지역 사회와 더 깊은 관계를 맺을 수 있는 기회를 제공한다. 이러한 활동을 통해 우리는 단순한 사업자가 아닌, 마을 구성원으로서의 정체성을 강화할 수 있다.

이 모든 활동을 통해 우리의 가게는 지역 사회의 중심지로 자리매김할 것이다. 우리의 노력은 지역 사회를 더욱 단단히 묶어주는 연결 고리가 되며, 우리 모두가 함께 꿈꾸고 성장하는 밝은 미래를 만들어갈 것이다. 지역 사회와의 긴밀한 교류는 단순한 비즈니스 전략을 넘어서, 우리 모두의 삶을 더욱 풍요롭게 만드는 공동체 의식을 심어준다. 우리의 가게는 지역 사회의 발전과 함께 성장하며, 이러한 성장은 우리 모두에게 더 큰 가능성과 기회의 문을 열어줄 것이다.

다) 지원금과 보조금으로 더 많은 가능성 열기

지원금과 보조금의 바다에서 항해를 시작하는 소상공인들에게, 중소벤처기업부와 한국소상공인시장진흥원, 지역 중소기업진흥센터와 금융기관은 등대와 같은 존재다. 이들 기관에서 제공하는 창업 지원, 마케팅 교육, 자금 지원과 같은 다양한 프로그램은 우리의 사업을 더욱 풍부하고 다채롭게 만들어 준다. 온라인과 오프라인을 통한 신청 방법, 필요한 서류 준비 과정은 마치 보물지도를 따라가는 모험과도 같다. 그리고, 온라인 쇼핑몰 구축에서 매출 증가, 신기술 도입으로 생산성 향상에 이르기까지의 성공 사례들은 우리 모두에게 영감을 주며, 가능성의 문을 활짝 열어주는 열쇠가 된다. 이 모든 정보와 지원을 통해, 소상공인들은 자신의 사업을 한 단계 더 높은 차원으로 이끌어 갈 수 있는 힘을 얻게 될 것이다.

이렇게 얻은 힘을 지역 경제공동체에서 우리의 대모험, 예컨대 카페 업계에서의 생존과 성장에 활용한다. 이 여정에서, '우리 카페'는 자신만의 지도를 그리며, 20~30대 여성을 대상으로 늘 새로운 메뉴를 선보이고, 특색 있는 디저트를 개발한다. 이 과정은 고객들의 기대를 뛰어넘는 차별화된 상품을 제공하는 것과 같아, 모든 고객에게 즐거움을 선사한다.

소상공인 온라인 쇼핑몰 구축 지원 사업은 이 대모험의 돛과 같다. 이를 통해, '우리 카페'는 온라인 쇼핑몰을 구축하고, 이로써 매출이 지원 전 대비 2배 증가하는 성과를 달성한다. 이는 마치 각자의 배가 더욱 멀리, 더욱 안전하게 항해할 수 있도록 돕는 것과 같다.

고객들과의 만남은 새로운 아이디어를 발견하는 기회다. 고품질의 커피 원두 사용, 특색 있는 디저트 개발, 그리고 친절한 서비스 제공을 통해, '우리 카페'는 고객들에게 성공의 길을 제시한다.

이 모험에서 가장 중요한 것은 SNS 홍보, 블로그 운영 등을 통해 브랜드 인지도를 향상시키고, 고객층을 확대하는 것이다. 이는 마치 지역 사회와의 파트너십을 구축하는 것과 같다. 이러한 파트너십은 강한 연대감을 형성하며, '우리 카페'가 더 큰 성장을 이룰 수 있는 든든한 지지대가 된다. 이렇게 '우리 카페'는 지속적인 품질 향상과 혁신 도전을 통해, 새로운 성장 이야기를 쓴다. 이 모든 것은 소상공인들이 지원금과 보조금의 바다에서 안전하게 항해할 수 있도록 도와주는 등대와 같은 기관들의 도움 덕분이다.

출처: 중소벤처기업 연구원 제21-11호

소상공인을 위한 스마트 상점 전환 계획을 중소벤처기업연구원에서 제시하였다. 음식점, 카페, 도넛 판매점, 오락게임 등 다양한 상점들은 스마트 기술을 도입하여 자동 주문 시스템이나 24시간 운영이 가능한 자동화된 서비스를 구현할 예정이다.

전통시장은 온라인 주문, 결제 및 배송 서비스를 통합하여 고객들이 온라인을 통해 쉽게 접근하고 구매할 수 있도록 할 것이다. 소상공인을 위한 스마트 공방은 생산 과정을 자동화하고 재고 관리를 효율적으로 하며 맞춤형 제작이 가능하게 한다. 이러한 변화는 생산성을 증가시키고 작업 과정에서의 정확성을 향상시킨다. 이 전략은 소상공인들이 시장 내 경쟁력을 유지하고 비즈니스 성장을 이루는 데 필수적인 디지털 변환을 지원한다.

트렌드를 따라 잡아라

2

가) 쉽게 변화를 읽고 매장에 빠르게 적용하기

비즈니스 세계에서의 생존은 바다에서 항해하는 것과 같다. 시장의 변화는 물결이며, 그 물결을 잘 읽는 것이 우리의 항해 능력을 결정한다. 소상공인들은 물결을 읽는 데 필요한 지도를 가지고 있다. 그 지도의 이름은 '시장 트렌드 분석'이다. 이 지도를 통해 우리는 미래의 바다를 예측하고, 항해를 계획할 수 있다.

하지만 이 지도만으로는 충분하지 않다. 우리는 경쟁자들이 어떤 방향으로 항해하고 있는지도 알아야 한다. 이를 위해 우리는 '경쟁사 분석'이라는 나침반을 사용한다. 이 나침반을 통해 우리는 경쟁자들의 움직임을 파악하고, 그들이 가는 방향을 피하거나, 더 나은 방향으로 조종할 수 있다. 그리고 가장 중요한 것은 우리의 고객, 즉 우리의 배를 타고 있는 승객들의 니즈를 파악하는 것이다. 이를 위해 우리는 '고객 니즈 분석'이라는 망원경을 사용한다. 이 망원경을 통해 우리는 승객들이 원하는 목적지를 확인하고, 그들의 니즈에 맞춰 항해 방향을 설정할 수 있다.

이 모든 것들을 통해 우리는 변화하는 시장의 바람을 읽을 수 있다. 그리고 이 바람을 우리의 힘으로 만들기 위해, 우리는 '변화에 대한 신속한 대응 전략'을 세운다. 이 전략을 통해 우리는 변화의 바람을 맞이할 준비를 하고, 그것을 통해 더 빠르게, 더 멀리 항해할 수 있다. 이렇게 변화를 읽고, 그것을 우리의 힘으로 만드는 것은 소상공인들의 대모험의 일부다. 이 모험에서 우리는 끊임없이 배우고, 성장하며, 변화를 맞이한다. 그리고 그 과정에서 우리는 더 강해지고, 더 똑똑해지며, 더 멀리 보게 된다. 이것이 바로 우리가 변화를 읽고, 그것을 우리의 힘으로 만드는 여정의 의미다.

나) 친환경과 디지털을 품은 현대적인 가치 제시하기

친환경 경영은 우리의 사업을 더욱 풍요롭고 다채롭게 만들어 주며, 고객들에게 새로운 가치를 제공한다. 이 여정에서 또 다른 중요한 도구는 디지털 기술이다. 디지털 기술은 우리의 항해에 필수적인 나침반과 같다. 이를 통해, 우리는 시장의 변화를 빠르게 파악하고, 그에 맞는 전략을 세울 수 있다. 디지털 기술의 활용은 마치 바다 위의 별을 이용해 방향을 찾는 것과 같아, 우리의 항해를 더욱 안전하고 효율적으로 만들어 준다.

이 모험에서 가장 중요한 것은 차별화된 가치를 제공하는 것이다. 차별화된 가치 제공 전략을 통해, 우리는 고객들에게 새로운 경험과 만족을 선사하며, 우리의 사업을 더욱 독특하고 매력적으로 만든다. 이렇게 친환경과 디지털을 품은 현대적인 가치를 제시하는 것은 소상공인들의 대모험의 핵심이다. 이 모험을 통해, 우리는 끊임없이 배우고, 성장하며, 변화를 맞이한다. 그리고 그 과정에서, 우리는 더 강해지고, 더 똑똑해지며, 더 멀리 보게 된다. 이것이 바로 친환경과 디지털을 품은 현대적인 가치를 제시하는 여정의 의미다. 이 여정은 우리를 더 강인하게 만들며, 경쟁력을 갖추게 해 준다. 그리고 이 여정을 통해 우리는 더 큰 성공을 추구할 수 있게 된다.

다) 온라인의 힘을 빌려 트렌드 선도하기

우리는 온라인의 힘을 빌려 트렌드를 선도한다. 온라인 쇼핑몰 구축 및 운영은 이 여정의 핵심 도구로, 이를 통해 우리는 고객들과 더욱 가깝게 소통하고, 그들의 요구를 빠르게 파악할 수 있다. 그리고 이는 우리의 사업을 더욱 효율적으로 만들어 준다. 이 모험에서 다른 중요한 도구는 SNS 마케팅이다. 이를 활용해, 우리는 고객들의 소리를 듣고, 그들의 반응을 즉시 확인할 수 있다.

이 모험에서 가장 중요한 것은 온라인 광고 활용이다. 이는 마치 보물섬을 발견하는 것과 같다. 온라인 광고를 통해, 우리는 브랜드 인지도를 높이고, 고객층을 확대한다. 이로써 우리의 사업을 더욱 독특하고 매력적으로 만들어 주며, 이렇게 온라인의 힘을 빌려 트렌드를 선도하는 것은 소상공인들의 대모험의 핵심이다. 이 모험을 통해, 우리는 끊임없이 배우고, 성장하며, 변화를 맞이한다. 그리고 그 과정에서, 우리는 더 강해지고, 더 똑똑해지며, 더 멀리 보게 된다. 이것이 바로 온라인의 힘을 빌려 트렌드를 선도하는 여정의 의미다. 이 여정은 우리를 더 강인하게 만들며, 경쟁력을 갖추게 해 준다. 그리고 이 여정을 통해 우리는 더 큰 성공을 추구할 수 있게 된다.

함께 성장하는 기쁨

3

가) 지식 공유와 협력으로 더 큰 성과 이루기

함께 해결해요! : 공동 구매를 통해 원가를 절감하고, 협상력을 강화한다. 마케팅 협력으로 시너지 효과를 창출하며, 공동 프로모션으로 고객을 확보하고, 브랜드 인지도를 향상시킨다. 소통하는 능력을 키우는 것, 그리고 재무 관리와 세금 교육을 통해 사업의 건강한 성장을 위한 기반을 마련하는 것도 중요한 항목이다.

사업 진단 및 컨설팅을 통해 사업의 현재 상태를 파악하고, 문제를 해결하며 개선 방안을 즐기는 정보 공유 : 사업 관련 정보와 뉴스를 공유한다. 가장 중요한 것은 업계 동향과 트렌드를 분석하는 것이다. 이를 통해, 경험과 노하우를 공유한다.

전문가의 도움을 받아 성장 : 사업 진단 및 컨설팅을 통해 사업의 현재 상태를 파악하고, 문제를 해결하며, 개선 방안을 제시 받는다. 또한, 맞춤형 성장 전략을 수립하면서 사업의 미래를 설계하게 된다.

동료 사업체와 멘토링 및 네트워킹 활용 : 소상공인들의 업무는 경험과 지식이 풍부한 멘토의 도움을 받아 성장하는 대모험과 같다. 멘토링 프로그램에 참여하며, 우리는 사업 운영 노하우와 문제 해결 방안을 전수받는다. 이 지식과 경험은 우리의 사업 정보 공유와 네트워킹을 통해 서로를 이해하고 지원하는 데 도움이 된다. 성공 사례와 실패 경험을 공유하며, 어려움을 극복하고, 더 큰 성공을 위한 발판을 마련한다. 아울러 새로운 지식과 기술을 습득하면서 사업의 미래를 설계하게 된다. 이 모든 과정을 통해, 끊임없이 배우고, 성장하며, 변화를 더욱 풍요롭게 만들어 준다. 또한, 사업의 비전과 목표 설정을 지원받는 것은 우리가 더 큰 성공을 위한 발판을 마련하는 것을 돕는다.

나) 경쟁사와도 윈윈할 수 있는 협력의 기술

협력의 필요성 및 장점

1+1=3 이상의 시너지 효과를 창출하세요! : 협력을 통해 새로운 시장 진출, 고객 확보, 브랜드 인지도 향상, 경쟁력 강화, 그리고 새로운 아이디어와 사업 기회 창출이 가능하다. 이는 서로의 장점을 살려 더 큰 성과를 내는 것과 같다.

함께 성장하는 즐거움을 느껴보세요! : 정보와 경험을 공유하며, 컨설팅을 받고, 사업 협력을 통해 함께 성장할 수 있다. 이는 조직력을 발휘하며 서로를 이해하고 지원하는 것과 같다.

다양한 협력 방식을 활용하세요! : 공동 구매와 마케팅, 기술 개발과 연구, 인력과 자원 공유 등의 다양한 방법으로 협력을 이루어낼 수 있다. 이는 서로의 능력을 살려 더 효과적인 업무를 수행하는 것과 같다.

성공적인 협력 사례를 참고하세요! : 지역 상권 활성화 협력, 온라인 쇼핑몰 공동 운영, 공동 브랜드 개발과 출시 등의 협력 사례를 참고할 수 있다. 이를 통해 협력의 성공적인 모델을 찾을 수 있다.

협력을 위한 첫걸음을 내딛으세요! : 동료 사업체와의 소통, 협력 관련 교육 참여, 협력 프로그램 활용 등을 통해 협력의 첫걸음을 내딛는다. 이는 서로의 업무를 이해하고 공유하는 첫 단계이다.

협력 시 주의해야 할 점 – 명확한 협력 목표와 역할 분담 : 협력의 목표와 방향을 설정하고, 각자의 역할과 책임을 명확하게 한다. 이는 조직의 목표를 이해하고, 업무를 분담하는 것과 같다.

계약서 작성으로 분쟁을 예방 : 협력 내용과 조건을 명시하고, 지적 재산권을 보호한다. 이는 조직의 규칙을 지키고, 분쟁을 예방하는 것과 같다.

신뢰와 협력의 정신으로 성공적인 협력을! : 서로 존중하고 배려하며, 솔직한 의사소통과 정보 공유를 통해 신뢰를 쌓는다. 이는 조직력의 기본이며, 성공적인 협력을 가능하게 한다.

다) 함께 일하며 얻는 시너지와 기쁨

협력의 성공 사례 - 온라인 쇼핑몰 공동 운영의 모험 : 여러 소상공인들이 모여서 온라인 쇼핑몰을 공동으로 운영하는 것은 큰 모험이다. 이런 모험을 통해 운영 비용을 절감하고 마케팅 효과를 극대화할 수 있다. 이렇게 함께 운영함으로써 고객 편의성이 증대되고 매출이 증가될 수 있다.

지역 상권 활성화 협력의 여행 : 같은 지역에 있는 소상공인들이 모여 이벤트를 개최하는 것은 마치 여행과 같다. 이런 여행을 통해 상권이 활성화되고 고객 유입이 증가될 수 있다. 이런 협력을 통해 지역 경제를 활성화시키고 상권 브랜드의 가치를 높일 수 있다.

공동 브랜드 개발 및 출시의 도전 : 여러 소상공인들이 모여 새로운 브랜드를 개발하는 것은 큰 도전이다. 이런 도전을 통해 제품 개발 및 생산 비용을 절감하고, 시장 진출 기회를 늘릴 수 있다. 이렇게 함께 브랜드를 개발함으로써 브랜드 인지도를 높이고 매출을 증가시킬 수 있다.

협력을 통한 성장 전략

공동 구매 및 마케팅의 협력 : 여러 소상공인들이 공동으로 구매하고 마케팅을 진행하는 것은 협력의 힘을 보여주는 일이다. 이런 방식으로 원가와 마케팅 비용을 절감하고, 더 많은 고객을 확보하며 브랜드 인지도를 높일 수 있다.

기술 개발 및 연구의 도전 : 여러 소상공인들이 모여 기술 개발과 연구를 진행하는 것은 새로운 도전이다. 이런 도전을 통해 기술력을 향상시키고, 새로운 사업 기회를 창출할 수 있다. 이런 방식으로 연구 개발 비용을 절감하고 시장을 선점할 수 있다.

인력 및 자원 공유의 협력 : 여러 소상공인들이 인력과 자원을 공유하는 것은 협력의 힘을 보여주는 일이다. 이런 방식으로 효율성을 높이고 비용을 절감할 수 있다. 이렇게 함께 인력과 자원을 공유함으로써 전문 인력을 확보하고 생산성을 향상시킬 수 있다.

이처럼 함께 일하며 얻는 시너지와 기쁨은 소상공인들에게 큰 힘이 될 수 있다. 이런 협력을 통해 소상공인들은 서로를 돕고, 함께 성장하는 길을 찾아 나아갈 수 있다. 협력의 힘을 믿고, 모두가 희망찬 미래를 향해 나아가자.

정부의 도움 받기

4

가) 정부의 지원을 쉽게 이해하고 활용하는 방법

"첫째, 사업을 성장시키기 위해서는 정부 지원 정보를 찾아봐야 한다. 둘째, 신청 절차를 간편하게 만든다. 셋째, 성공 사례를 공유한다."

이 세 가지 요소는 사업 성장의 세 개의 기둥이다. 이 기둥들이 잘 조화를 이루게 되면 사업은 안정적으로 성장할 수 있다.

맞춤형 지원 정보 제공이란, 사업에 필요한 정부 지원 정책 정보를 찾아주고 이를 제공하는 거다. 이는 마치 사업을 위한 맞춤형 옷을 제공하는 것처럼 도와준다. 이 서비스를 통해, 소상공인 특화형 지원 프로그램을 알 수 있게 되고, 온라인 상담 및 교육 프로그램을 이용할 수 있게 된다. 이는 사업을 위한 필요한 정보와 교육을 제공하니, 사업을 성장시키는 데 큰 도움이 된다.

간편한 신청 절차는, 필요한 지원을 빠르고 편리하게 받을 수 있게 돕는 거다. 이는 마치 원하는 음식을 주문하고, 즉시 받는 것처럼 도와준다. 이 서비스를 통해, 온라인 신청 시스템을 이용할 수 있고, 전문가의 상담을 받을 수 있다. 또한, 신청 과정에 대한 명확한 안내를 받을 수 있으니, 지원을 신청하는 데 어려움을 느끼지 않게 된다.

성공 사례 공유는, 다른 소상공인들이 어떻게 정부 지원금 및 정책을 활용하여 성공했는지 그 사례를 소개하는 거다. 이는 마치 성공한 이들의 경험을 배우는 것처럼 도와준다. 이 서비스를 통해, 전문가의 인터뷰를 듣고, 워크숍에 참여할 수 있다. 또한, 동료 소상공인들과 정보를 공유하면서 사업을 성장시키는 데 도움이 된다.

이런 식으로 맞춤형 지원 정보 제공, 간편한 신청 절차, 그리고 성공 사례 공유가 사업을 성장시키는 데 큰 도움이 된다. 이를 통해, 사업을 더욱 성공적으로 운영할 수 있게 된다. 이는 소상공인들이 더 큰 성과를 이루는 데 도움이 된다.

나) 정부의 지원을 쉽게 이해하고 활용하는 방법

사업을 성공적으로 이끄는 데 필요한 건 무엇일까? 그건 바로 투자 유치와 사업 확장, 기술 개발과 혁신, 그리고 해외 진출 및 마케팅이다. 이 세 가지는 사업 성공에 있어 세 개의 열쇠와 같다.

투자 유치 및 사업 확장이란, 사업에 필요한 투자를 받아 사업 영역을 넓히는 거다. 이는 마치 사업에 필요한 연료를 공급하는 것과 같다. 이를 위해 정부 투자 유치 프로그램을 활용하고, 정부 지원금을 통해 사업을 확장하거나 신규 사업에 진출하는 것이다. 전문가 컨설팅이나 교육 프로그램을 통해 더 많은 지식과 노하우를 얻는 것이다.

기술 개발 및 혁신은, 경쟁력을 갖추기 위해 기술을 개발하고 혁신하는 것이다. 이는 마치 새로운 도구를 만드는 것과 같다. 이를 위해 정부 R&D 지원 프로그램을 활용하고, 기술 개발과 혁신을 통해 경쟁력을 강화한다. 그리고 이 과정에서 정부 지원 기관과 협력한다.

해외 진출 및 마케팅은, 해외 시장에 진출하고 판매를 확대하는 것이다. 이는 마치 더 큰 세계에 도전하는 것과 같다. 이를 위해 정부 해외 진출 지원 프로그램을 활용하고, 해외 시장에 진출하여 판매를 늘린다. 이 과정에서 정부 지원 기관과 협력하도록 한다.

이렇게 투자 유치 및 사업 확장, 기술 개발 및 혁신, 그리고 해외 진출 및 마케팅은 사업을 성공적으로 이끄는 데 큰 도움이 된다. 이를 잘 활용하면 사업도 더 큰 성공을 거둘 수 있다. 이 세 가지 비결을 잘 활용해서 사업을 더욱 빛나게 만들 수 있다.

다) 지역 발전 프로젝트에 참여하여 더 많은 혜택 누리기

사업을 성공적으로 이끄는 데 필요한 건 무엇일까? 그건 바로 지역 상권을 활성화하는 거다. 공동 브랜드를 개발하고 마케팅

하는 것이다. 그리고 지역 축제나 이벤트에 참여하는 것이다. 이 세 가지는 사업 성공을 위한 세 개의 열쇠라고 볼 수 있다.

지역 상권 활성화란, 지역 상권 활성화 프로젝트에 참여하는 것이다. 이는 마치 지역 사회에 뿌리를 내리는 것과 같다. 이를 위해 정부 지원금이나 세제 혜택을 활용하고, 지역 고객을 확보하여 매출을 증대한다.

공동 브랜드 개발 및 마케팅은, 지역 특화 공동 브랜드를 개발하고 마케팅하는 것이다. 이는 마치 지역의 특성을 살린 제품을 만드는 것과 같다. 이를 위해 정부 지원금이나 마케팅 지원을 활용하고, 지역 특화 상품을 개발하여 판매를 확대한다.

지역 축제 및 이벤트 참여는, 지역 축제나 이벤트에 참여하는 것이다. 이는 마치 지역 사회의 일원이 되는 것과 같다. 이를 위해 정부 지원금이나 홍보 지원을 활용하고, 지역 고객을 확보하여 브랜드 인지도를 향상하도록 한다.

이렇게 지역 상권 활성화, 공동 브랜드 개발 및 마케팅, 그리고 지역 축제 및 이벤트 참여는 사업을 성공적으로 이끄는 데 큰 도움이 된다. 이를 잘 활용하면 사업도 더 큰 성공을 거둘 수 있다. 이 세 가지 비결을 잘 활용해서 사업을 더욱 빛나게 만들도록 하자!

기본으로 돌아가기

5

1) 당신의 비즈니스의 근본 가치를 다시 생각하기

시장 환경과 고객 니즈를 반영한 Up-grade가 필요하다. 세상은 끊임없이 변하고 있다. 그 변화에 발 맞춰 우리의 비즈니스도 역동적으로 움직여야 한다. 그러기 위해서는 미래 예측, 차별화, 고객만족이 중요하다. 미래시장을 예측하려면, 현재의 기술 트렌드를 잘 살펴봐야 한다. 인공지능, 빅데이터, 사물 인터넷 등의 기술이 어떻게 발전하고 있는지, 그리고 이것이 우리의 비즈니스에 어떤 영향을 미칠지를 분석해야 한다. 사회 경제적 변화, 예를 들면, 고령화 사회나 소비 트렌드의 변화도 고려해야 한다. 이런 변화들이 우리의 미래 시장을 어떻게 바꿀지 예측해야 한다.

그래야만 차별화된 경쟁 우위를 구축할 수 있다. 경쟁사들이 무엇을 하고 있는지 잘 살펴보고, 그들과는 다른, 우리만의 특별함을 찾아야 한다. 그 특별함이 바로 우리의 경쟁 우위가 될 수 있다. '블루 오션 전략'을 생각해 보는 것이 좋다. 기존의 경쟁하는 시장을 벗어나 새로운 시장을 창출하는 것, 이것이 바로 블루 오션 전략이다.

고객 만족도를 향상시키기 위해서는 고객의 니즈를 충족시키는 것은 물론, 그들의 기대를 뛰어넘는 서비스를 제공해야 한다. 고객 경험을 개선하면, 고객 만족도도 함께 향상될 것이다.

직원과 고객의 참여를 통해 공동의 가치관을 구축하자. 비즈니스를 운영하는 것은 마치 선박을 조종하는 것과 비슷하다. 바람과 파도의 방향을 잘 읽고, 항해 경로를 계속 업데이트하면서 목표 지점에 도달해야 하는 것, 그것이 바로 우리의 역할이다. 변화하는 시장 환경과 고객의 니즈를 잘 이해하고, 그에 맞는 전략을 세우는 것이 바로 성공적인 비즈니스를 위한 첫걸음이 될 것이다.

비즈니스를 운영하는 일은 마치 큰 배를 조종하는 것과 비슷하다. 그 배를 움직이는 데는 선장뿐만 아니라 선원들의 협력이 필요하다. 고객들도 마찬가지다. 그들의 의견과 참여가 없이는 우리의 배가 원활하게 움직일 수 없다. 이처럼 직원과 고객의 참여를 통해 공동의 가치관을 구축하는 것이 중요하다. 그래서 사업의 근본 가치를 모두와 공유해야 한다. 우리의 가치관이 무엇인지, 그 가치관을 어떻게 실천해나갈 것인지에 대한 교육을 제공하고, 그 가치관을 실천하도록 독려해야 한다. 윤리적인 경영, 책임 있는 경영을 위한 가치관이 직원들과 공유되고 실천될 수 있도록 해야 한다.

고객과 직원의 의견을 듣는 것이 중요하다. 다양한 소통 채널을 만들고 활성화시켜, 그들의 의견을 적극적으로 수렴하도록 해야 한다. 설문조사, 인터뷰, 컨퍼런스 등 다양한 방법을 활용하면 좋다. 이렇게 수집한 의견을 바탕으로 의사 결정을 하는 것이 중요하다.

중요한 의사 결정 과정에 직원과 고객의 의견을 반영해야 한다. 그들의 의견이 반영된 의사 결정은 공동의 가치관을 기반으로 한 것이 될 것이다. 이렇게 공동의 가치관을 바탕으로 한 의사 결정은 합리적이고 투명할 것이며, 모두가 인정하고 지지할 수 있는 결정이 될 것이다.

성공적인 비즈니스는 선장과 선원, 그리고 승객들이 한몸처럼 움직이는 것이 중요하다. 그들의 의견과 참여가 반영된 공동의 가치관을 바탕으로 비즈니스를 운영하면, 우리의 배는 항상 바람이 불어 주는 방향으로 움직일 수 있을 것이다.

비즈니스를 성장시키는 것은 마치 산을 오르는 것과 비슷하다. 목표를 정하고, 그 목표를 달성하기 위한 계획을 세우고, 그 계획을 실행하면서 중간중간 검증하고 개선하는 과정이 필요하다.

지속적인 성장을 위한 전략수립 및 실행을 체크한다. 먼저, 목표를 설정해야 한다. 그 목표는 구체적이고, 측정 가능하며, 달성 가능해야 하고, 현실적이면서도 시간 제한이 있어야 한다. 이런 목표를 SMART 목표라고 한다. 이 SMART 목표를 바탕으로 실행 계획을 세워보는 것이 좋다. 그리고 그 계획을 실행하면서 성과를 측정하고 개선하는 시스템을 구축해야 한다. KPI(Key Performance Indicator)를 설정하여 전략 실행 과정을 측정하고, 정기적으로 성과를 평가하여 전략의 효과를 검증하고 개선해나가는 것이 필요하다. 또한, 변화 관리 프로세스도 중요하다. 변화는 불안과 우려를 가져올 수 있기 때문에, 직원들이 그 변화를 잘 이해하고 적응할 수 있도록 도와야 한다. 교육 프로그램, 멘토링, 커뮤니케이션 활동 등을 통해 변화를 잘 관리하는 프로세스를 구축하는 것이 좋다.

비즈니스 성장을 위한 전략은 마치 등산로를 만드는 것과 비슷하다. 어디로 가야 하는지를 명확하게 정하고, 그 길을 어떻게 걸어나갈지를 계획하고, 그 계획대로 꾸준히 걸어나가면서 필요한 부분을 보완하고 개선해 나가는 것이 중요하다. 이런 과정을 통해서 비즈니스를 지속적으로 성장시킬 수 있을 것이다.

2) 민첩하게 변화에 대응하며 비즈니스 기반 다지기 : 리스크 관리

비즈니스 세계는 본질적으로 모험의 일환이다. 때때로 시장 변화, 경쟁 심화, 경제 상황 악화와 같은 요인들로 인해 돌발 상황에 직면하게 될 수도 있다. 하지만 걱정하지 마라! 이런 상황들에 대한 해결책이 존재한다.

첫 번째로, 우리는 다양한 '만약의 상황'을 상상하며 시작해야 한다. 이런 상황들이 현실로 다가왔을 때 어떻게 대응해야 할지 고민하면, 위험 요소를 파악하고 이에 대한 대책을 세울 수 있다. **두 번째로, 전문가들의 도움을 받는 것이 중요하다.** 리스크 관리 전문가, 변호사, 회계사 등의 전문가들이 우리의 모험을 안전하게 이끌어줄 수 있다. 마지막으로, 데이터 분석을 활용해야 한다. 시장 데이터, 경쟁사 데이터, 고객 데이터 등을 분석하면, 보이지 않던 위험 요소들을 발견하고 이를 관리하는 데 도움이 된다.

비즈니스 세계는 모험과도 같다. 때때로 예상치 못한 위험 요소가 발생하게 되는데, 이럴 때 중요한 것은 신속하고 효과적인 대응이다. 그러기 위해 먼저, 위기 대응 매뉴얼을 작성한다. 이는 위기 상황 발생 시 각 부서의 역할과 책임, 대응 절차 등을 명확히 하는 것이다. 그리고 이를 위해 정기적인 교육과 훈련을 통해 위기 대응 능력을 강화한다. 또한, 다양한 위기 상황을 가정한 비상 상황 연습을 실시한다. 이 연습을 통해 어떤 상황이 발생했을 때 어떻게 대응해야 할지를 미리 준비해두는 것이다. 연습 결과를 분석하고 개선점을 도출한다. 마지막으로, 위기 상황 발생 시 직원, 고객, 파트너 등과의 소통 시스템을 구축한다. 이는 정보를 정확하고 신속하게 공유하여 혼란을 최소화하는 데 중요하다.

비즈니스는 모험이지만, 위험 요소에 대비하여 신속하고 효과적으로 대응할 수 있는 방법을 갖추어가는 것이 중요하다. 이렇게 하면, 비즈니스 모험을 더욱 안정적으로 즐길 수 있다.

비즈니스 세계는 끊임없이 변화하는 모험의 무대다. 이 변화에 유연하게 대응하고 새로운 기회를 포착할 수 있는 조직 문화를 조성하는 것이 중요하다.

먼저, 혁신 문화를 조성한다. 새로운 아이디어를 적극적으로 수용하고 실험하는 것이다. 실패를 두려워하지 않고 도전하는 것을 장려한다.

다음으로, 변화에 대한 인식을 개선한다. 변화는 기회라는 인식을 심어주고, 그 변화에 유연하게 대응할 수 있는 적응력을 강화한다. 이를 위해 변화 관리 교육 프로그램을 제공한다.

마지막으로, 학습 문화를 조성한다. 지속적인 학습을 통해 직원들의 역량을 계발하는 것이다. 새로운 기술 및 트렌드에 대한 교육을 제공하여 직원들이 시장 변화에 빠르게 대응할 수 있게 한다.

3) 장기적인 안목으로 리스크 관리하고 투자하기 : 투자 전략 수립

비즈니스 세계는 서로 다른 여러 가지 요소들이 복잡하게 얽혀 있는 모험의 무대다. 이런 모험을 성공적으로 이끌어나가기 위해서는 투자 목표, 투자 기간, 투자 가능 금액, 위험 감수 수준 등을 명확하게 정의하는 것이 중요하다.

첫째, 투자 목표를 설정한다. 매출 증대, 수익 향상, 시장 점유율 확대 등 투자를 통해 달성하고자 하는 목표를 명확하게 설정한다. 이때, SMART 목표 설정 방식을 활용하여 구체적이고 측정 가능한 목표를 설정한다.

둘째, 투자 기간을 고려한다. 단기 투자인지, 중장기 투자인지에 따라 투자 전략이 달라질 수 있다. 투자 목표와 투자 가능 금액을 고려하여 투자 기간을 결정한다.

셋째, 투자 가능 금액을 파악한다. 투자에 사용할 수 있는 자금의 규모를 명확하게 파악하는 것이 중요하다. 투자 가능 금액은 사업 운영에 필요한 자금을 확보한 후 결정한다.

넷째, 위험 감수 수준을 결정한다. 투자에 따른 위험을 감수할 수 있는 수준을 파악하는 것이다. 투자 목표, 투자 기간, 투자 가능 금액 등을 고려하여 위험 감수 수준을 결정한다. 비즈니스는 모험이지만, 이런 요소들을 명확하게 정의하고 관리함으로써 그 모험을 더욱 안정적이고 확실하게 이끌어나갈 수 있다.

한편 위의 네 가지 사항이 명확히 정의되면 다음의 네 가지 사항에 따라 투자 포트폴리오를 구성하고 관리해야 한다.

첫째, 투자 대상을 선정한다. 주식, 채권, 부동산, 펀드 등 다양한 투자 대상 중에서 어떤 것을 선택할지 분석하고 비교한다. 이 과정에서 투자 목표, 투자 기간, 투자 가능 금액, 위험 감수 수준 등을 고려하여 가장 적합한 투자 대상을 선정한다.

둘째, 투자 방법을 결정한다. 직접 투자를 할 것인지, 아니면 전문가에게 위탁 투자를 할 것인지를 비교한다. 이때 투자 경험, 투자 지식, 시간 투자 등을 고려하여 가장 효율적인 투자 방법을 선정한다. 비즈니스는 모험이지만, 이런 투자 전략을 통해 그 모험을 안정적으로 이끌어 나갈 수 있다. 이 모험을 성공적인 이끌기 위해 필요한 것은 명확한 투자 목표와 적절한 투자 방법, 그리고 잘 선택된 투자 대상이다.

셋째, 투자 포트폴리오를 구성한다. 다양한 투자 상품에 분산 투자하여 위험을 줄이고 수익률을 안정화한다. 이 과정에서 투자 목표, 투자 기간, 투자 가능 금액, 위험 감수 수준 등을 고려하여 투자 포트폴리오를 구성한다.

넷째, 투자 포트폴리오를 관리한다. 시장 상황 변화에 따라 투자 포트폴리오를 정기적으로 점검하고 조정한다. 이때, 전문가의 조언을 구하여 투자 포트폴리오를 더욱 효과적으로 관리할 수 있다.

비즈니스는 모험이지만, 잘 구성하고 관리하는 투자 포트폴리오를 통해 이 모험을 안정적으로 이끌어 나갈 수 있다. 이 모험을 성공적으로 이끌어내기 위해 필요한 것은 명확한 투자 목표와 잘 관리하는 투자 포트폴리오다.

《3장의 핵심 포인트》

함께하면 더 강하다 : 지역 상권 활성화

우리는 지역 사업체와 협력하여 지역 상권을 활성화하고, 공동의 온라인 쇼핑몰과 배달 서비스를 개발하여 지역 사회와의 연결을 강화한다.

트렌드를 따라 잡아라

우리는 시장 트렌드 분석을 활용하여 변화를 미리 예측하고, 친환경 및 디지털 전환을 통해 현대적인 가치를 제공하며, 온라인의 힘을 빌려 트렌드를 선도한다.

함께 성장하는 기쁨

우리는 지식 공유와 협력을 통해 더 큰 성과를 이루며, 공동구매 및 마케팅을 통해 원가 절감과 브랜드 인지도를 향상시키고, 업계 동향과 트렌드를 함께 분석하여 성공을 공유한다.

정부의 도움 받기

우리는 정부의 다양한 지원 프로그램을 이해하고 활용하여 사업을 성장시키고, 지역 발전 프로젝트에 참여하여 지역 상권을 활성화하며, 세제 혜택과 마케팅 지원을 받아 브랜드 가치를 높인다.

기본으로 돌아가기

우리는 비즈니스의 근본 가치를 재정립하고, 민첩하게 변화에 대응하며 리스크를 관리하고, 장기적인 안목으로 투자 전략을 수립하여 비즈니스 기반을 다진다.

Chapter.4

경쟁에서 앞서가기
: 당신만의 비결 찾기

우리는 차별화된 가치 제공을 통해
고객의 숨겨진 니즈를 충족시키고,
감성 마케팅과 체험 마케팅을 활용하여
고객의 마음을 사로잡아
경쟁에서 앞서 나갈 수 있다.

차별화된 가치 제공하기

1

당신만의 특별한 제품/서비스 만들기

고객의 니즈를 충족하는 맞춤형 제품/서비스를 계획하자.

비즈니스를 운영하면서 가장 중요한 것은 고객의 숨겨진 니즈를 파악하고 그것을 충족하는 맞춤형 제품이나 서비스를 개발하는 것이다. 이를 통해 고객 만족도를 높이고, 경쟁력을 갖추는 데 큰 도움이 된다. 이해하자.

첫 번째, 고객의 니즈를 파악하는 것이 중요하다. 설문 조사나 인터뷰, 고객 리뷰 분석, 데이터 분석 등 다양한 방법을 활용해 고객의 니즈를 정확하게 이해하자. 그리고 고객 여정 맵핑을 통해 고객이 제품이나 서비스를 이용하는 과정을 분석해보자. 그러면 고객들이 만나는 문제나 불편함을 더 잘 이해할 수 있다.

두 번째, 차별화된 가치를 제안하자. 경쟁사의 제품이나 서비스를 분석해 보고, 그와는 다른 차별화된 포인트를 찾아내자. 그리고 고객의 숨겨진 니즈를 충족시킬 수 있는 새로운 가치를 제안하자.

세 번째, 맞춤형 제품이나 서비스를 개발하자. 고객들을 세분화하여 서로 다른 고객 그룹에게 맞춤형 제품이나 서비스를 제공하자. 또한, 고객의 개인별 특성을 고려한 맞춤형 옵션을 제공하여 고객의 만족도를 높이자. 이렇게 고객의 숨겨진 니즈를 파악하고 충족하는 맞춤형 제품이나 서비스를 개발하는 것은, 비즈니스 성공의 핵심 요소다. 고객의 니즈를 정확히 파악하고, 이를 충족하는 차별화된 가치를 제공하며, 그에 맞는 제품이나 서비스를 개발하는 것. 이것이 바로 우리가 추구해야 하는 목표다.

출처: 소상공인마당 홈페이지 인용(저자 재정리)

앞의 그림은 소상공인이 사업을 계획하고 실행하며 성장시키는 과정을 단계별로 설명한다. 먼저 필요한 문서와 자료를 수집하고 분석하여 사업 계획의 기초를 마련한다. 이 과정에는 자금 계획, 장부상의 계산서, 사업성 시안분석, 계약서 및 자금 조달 계획이 포함된다. 사업 시작을 위해 인허가, 계약, 브랜드, 디자인, 상품 설계 등을 확정하고, 사업을 운영하면서 판매, 서비스 제공, 마케팅 및 차입을 통해 수익을 창출한다. 마지막으로, 사업의 성과를 평가하고 진단 및 자산 관리를 통해 사업의 지속 가능성을 검토한다. 필요한 경우 매도 및 추가 투자를 고려할 수 있다. 이 흐름도를 통해 소상공인은 자신의 사업을 체계적으로 관리하고 성공적으로 운영할 수 있는 전략을 세울 수 있다.

고객의 감성을 자극하는 감성 마케팅을 활용한다

비즈니스에서 고객의 마음을 얻는 방법 중 하나는 감성 마케팅이다. 이는 고객의 감성을 자극하고 만족도를 높이는 전략으로, 스토리텔링, 브랜드 이미지 구축, 감성적인 경험 제공 등을 통해 고객과 감성적인 연결을 만든다. 이렇게 감성적인 연결을 통해 브랜드 충성도를 높일 수 있다.

또한, 체험 마케팅을 통해 고객에게 제품이나 서비스를 직접 체험하게 함으로써, 고객의 긍정적인 감성 경험을 유도한다. 시음, 시연, 체험 행사 등을 통해 고객에게 제품이나 서비스를 직접 체험하게 하는 것이다.

그리고, 고객과의 소통 과정에서는 친절하고 따뜻한 태도를 유지하며, 고객의 감정을 이해하고 공감하는 소통을 한다. 이렇게 감성적인 소통을 통해 고객의 만족도를 높일 수 있다.

비즈니스는 고객의 마음을 얻는 것이 중요하다. 그리고 그 마음을 얻는 방법 중 하나는 바로 감성 마케팅이다. 스토리텔링, 체험 마케팅, 감성적인 소통 등을 통해 고객의 마음을 얻고, 그 마음을 바탕으로 비즈니스를 성공적으로 이끌어 나가자.

고객의 마음을 사로잡는 매력적인 서비스 디자인

고객의 마음을 사로잡는 매력적인 서비스 디자인을 기획한다

비즈니스에서 고객의 경험을 개선하는 것은 매우 중요하다. 이를 위해 고객 여정을 분석하고 각 단계별 고객 경험을 개선하는 전략을 수립한다. 우선, 고객 여정 맵핑을 통해 고객이 제품이나 서비스를 접하고 구매, 사용, 관리하는 과정을 단계별로 분석한다. 이를 통해 각 단계에서 고객이 느끼는 감정, 생각, 행동을 파악한다.

다음으로, 고객 여정 맵핑 결과를 바탕으로 각 단계별 고객 경험 개선 방안을 마련한다. 이를 통해 고객이 불편하게 느끼는 요소를 제거하고, 긍정적인 경험을 증폭시킨다.

또한, 고객과의 모든 접점을 개선한다. 온라인, 오프라인, 전화, 문자 등 고객과의 접점에서 일관성 있는 경험을 제공하고, 각 접점에서 고객에게 필요한 정보와 서비스를 제공한다.

비즈니스 성공을 위해 고객의 경험을 중요하게 생각하고, 이를 개선하는 데 노력을 기울이자. 고객 여정 분석과 경험 개선은 고객 만족도를 높이고, 이는 결국 비즈니스의 성공으로 이어진다.

감성적인 요소를 고려하여 고객의 마음을 사로잡는다.

서비스 디자인에 있어 감성적인 요소를 고려하는 것은 고객의 마음을 사로잡는 중요한 방법이다. 이를 위해 스토리텔링, 감성적인 디자인, 그리고 감성적인 서비스를 통해 고객에게 감동을 줄 수 있다.

먼저, 스토리텔링을 통해 고객과의 감성적인 연결을 형성한다. 브랜드 스토리, 제품 스토리 등을 통해 고객에게 공감과 영감을 주는 스토리를 전달한다.

다음으로, 감성적인 디자인을 활용한다. 제품 디자인, 매장 디자인, 웹사이트 디자인 등에 감성적인 요소를 적용하여, 고객에게 긍정적인 감정을 불러일으키는 디자인을 구현한다.

마지막으로, 감성적인 서비스를 제공한다. 친절하고 따뜻한 서비스를 제공하여 고객에게 감동을 선사하며, 고객의 개인적인 특성을 고려한 맞춤형 서비스를 제공한다.

서비스 디자인에 감성적인 요소를 더함으로써, 고객의 마음을 사로잡을 수 있다. 스토리텔링, 감성적인 디자인, 그리고 감성적인 서비스를 통해 고객에게 감동을 주는 것이 중요하다. 이를 통해 고객의 만족도를 높이고, 고객의 선호도를 향상시킬 수 있다.

최신 기술을 활용하여 고객에게 새로운 경험을 선사한다.

비즈니스에서 최신 기술을 활용하여 고객에게 새로운 경험을 제공하는 것은 매우 중요하다. 인공지능, 빅데이터, 그리고 증강현실/가상현실은 이를 위한 효과적인 도구들이다.

먼저, 인공지능을 활용하여 고객 맞춤형 서비스를 제공한다. 인공지능 기술을 통해 고객의 니즈를 예측하고, 이를 선제적으로 만족시키는 서비스를 제공한다.

다음으로, 빅데이터를 활용한다. 고객 데이터 분석을 통해 고객 경험을 개선하는 방안을 마련하고, 고객의 개인적인 특성에 맞는 맞춤형 제품이나 서비스를 제공한다.

마지막으로, 증강현실이나 가상현실 기술을 활용하여 고객에게 새로운 경험을 제공한다. 이를 통해 고객의 제품이나 서비스에 대한 참여도를 높인다.

최신 기술을 활용하여 고객에게 새로운 경험을 제공하는 것은 비즈니스의 경쟁력을 높이는 중요한 방법이다. 이를 통해 고객의 만족도를 높이고, 고객의 선호도를 향상시키는 전략은 비즈니스의 성장과 발전을 위한 필수적인 과정이다.

지속 가능하고 혁신적인 아이디어로 새로운 시장 찾아내기

경쟁 없는 새로운 시장을 창출하여 경쟁 우위를 계획한다

비즈니스에서 경쟁력을 확보하는 방법 중 하나는 경쟁 없는 새로운 시장을 창출하는 것이다. 이를 위해 미래 시장 트렌드를 분석하고, 고객의 니즈를 탐색하며, 혁신적인 아이디어를 제공하는 방법이 있다.

우선, 미래 시장의 트렌드를 분석한다. 사회 경제적 변화, 기술 발전, 소비 트렌드 변화 등을 분석하여 미래 시장에서 발생할 수 있는 새로운 기회를 파악한다.

다음으로, 고객의 니즈를 탐색한다. 기존 시장에서 충족되지 못하는 고객의 니즈를 발굴하고, 이를 통해 숨겨진 니즈를 파악하며 새로운 가치를 제안한다.

마지막으로, 혁신적인 아이디어를 제공한다. 기존의 틀을 깨는 새로운 아이디어를 통해 새로운 시장을 창출하며, 창의적인 사고방식을 활용하여 차별화된 가치를 제시한다.

경쟁 없는 새로운 시장을 창출하는 것은 비즈니스의 경쟁력을 확보하는 중요한 방법이다. 이를 통해 기업은 미래 시장에서의 성공 가능성을 높이고, 고객의 만족도를 향상시킬 수 있다.

가치 있는 네트워크를 구축하여 협력과 시너지를 창출한다

비즈니스에서 가치 있는 네트워크를 구축하고 협력을 통한 시너지를 창출하는 것은 매우 중요하다. 이를 위해 파트너를 발굴하고, 협력 체계를 구축하며, 개방형 혁신을 추구하는 방법이 있다. 먼저, 새로운 시장 창출에 필요한 기술, 자원, 지식을 보유한 파트너를 발굴한다. 이를 통해 상호 보완적인 관계를 구축하며 시너지를 창출한다.

다음으로, 파트너와의 협력 체계를 구축한다. 협력의 목표, 역할 분담, 이익 배분 등을 명확하게 정의하며, 이를 통해 효과적인 협력 체계를 구축하고 시너지를 극대화한다.

마지막으로, 개방형 혁신을 추구한다. 다양한 기관, 기업, 개인과의 협력을 통해 혁신을 가속화하며, 열린 마음으로 새로운 아이디어를 받아들이고 협력한다.

가치 있는 네트워크를 구축하고 협력을 통한 시너지를 창출하는 것은 비즈니스의 성장과 발전을 위한 중요한 전략이다. 이를 통해 기업은 새로운 시장을 창출하고, 경쟁력을 확보할 수 있다.

지속적인 변화와 혁신을 통해 경쟁 우위를 체크한다

비즈니스에서 지속적인 변화와 혁신을 통해 경쟁 우위를 유지하는 것은 매우 중요하다. 이를 위해 시장 변화를 모니터링하고, 사업 모델을 개선하며, 혁신 문화를 조성하는 방법이 있다. 먼저, 새로운 시장의 변화를 지속적으로 모니터링하고 분석한다. 새로운 경쟁자, 새로운 기술, 새로운 고객 니즈 등을 파악하여 시장 변화에 빠르게 대응한다.

다음으로, 시장 변화에 맞춰 사업 모델을 지속적으로 개선한다. 새로운 가치 제안, 새로운 수익 모델, 새로운 운영 방식 등을 개발하여 사업의 경쟁력을 높인다.

마지막으로, 혁신 문화를 조성한다. 새로운 아이디어를 적극적으로 수용하고 실험하는 조직 문화를 조성하며, 변화를 두려워하지 않고 도전을 장려한다.

지속적인 변화와 혁신을 통해 경쟁 우위를 유지하는 것은 비즈니스의 성장과 발전을 위한 중요한 전략이다. 이를 통해 기업은 미래 시장에서의 성공 가능성을 높이고, 고객의 만족도를 향상시킬 수 있다.

실행 계획 세우기

2

주변 상황 파악하기

기업의 강점, 약점, 기회, 위협을 정확하게 파악한다

비즈니스 세계에서 성공의 열쇠를 쥐고 싶으면, 우리 사업이 바로 그 무대 위에 서 있는지, 혹은 무대 뒤에서 길을 잃고 있는지를 알아야 한다. 그 첫걸음으로, 우리 사업이 직면한 강점, 약점, 기회, 그리고 위협을 한눈에 파악하는 것이 중요하다. 이 과정을 'SWOT 분석'이라고 한다. 마치 우리 사업의 건강진단서와도 같다.

그 다음 단계는 'PEST 분석'이다. 이는 우리 사업을 둘러싼 정치, 경제, 사회, 기술적 환경을 면밀히 검토하는 과정이다. 마치 날씨 예보를 확인하듯, 이 분석을 통해 사업에 영향을 미칠 수 있는 외부 환경의 변화를 예측하고 대비할 수 있다.

이 두 분석을 통해, 우리는 장애물을 기회로 바꾸는 마법 같은 능력을 갖출 수 있다. 우리 사업의 강점을 극대화하고, 약점을 보완하며, 기회를 포착하고, 위협으로부터 우리를 보호할 전략을 세울 수 있다. 이 모든 과정이 바로 우리 사업의 내비게이션이 되어 성공으로 가는 길을 안내할 것이다. 우리도 이제 대형 기업들처럼 전략적인 사고를 가지고 우리의 사업을 한 단계 끌어올릴 준비가 필요하다. SWOT와 PEST 분석을 통해 우리 사업의 잠재력을 깨우고, 미래를 향한 확실한 방향성이 필요하다.

SWOT 분석과 PEST 분석 결과를 바탕으로 전략수립

우리의 비즈니스를 더욱 탄탄하게 만들기 위한 전략에 대해 이야기해보려고 한다. 'SWOT 분석'과 'PEST 분석'이라는 두 가지 분석 방법을 기반으로 어떻게 전략을 세울 수 있는지, 여러분의 사업에 어떤 시사점을 줄 수 있는지 살펴보자.

먼저, 여러분의 사업이 가지고 있는 '강점'을 눈여겨보자. 이 강점은 여러분이 시장에서 기회를 포착하고, 예상치 못한 위협에 대응하는 데 큰 역할을 한다. 이 강점을 더욱 강화하고, 차별화 전략을 세워 경쟁에서 앞서 나가는 것이 중요하다.

하지만 누구에게나 '약점'은 있기 마련이다. 이 약점을 개선하는 것이 다음 단계다. 약점을 보완하고 경쟁력을 강화함으로써, 기회를 놓치지 않고 위협에도 더욱 효과적으로 대응할 수 있다. 그리고 '기회'를 포착하는 것, 이것이야말로 사업을 성장시키는 데 중요한 열쇠다. 새로운 사업 분야를 개척하고, 수익을 창출하는 기회를 적극적으로 활용해보자. 시장 변화에 빠르게 대응하고 혁신을 통해 이 기회를 극대화하는 것이 중요하다.

마지막으로, '위협'에 대한 대응 전략이다. 위협을 사전에 예측하고, 이에 대응하기 위한 전략을 세워두는 것이 필요하다. 위험 관리 시스템을 구축하고, 리스크를 최소화함으로써 여러분의 사업을 보호할 수 있다.

이렇게 SWOT 분석과 PEST 분석을 통해 여러분의 사업 전략을 세워나가다 보면, 강점은 더욱 빛을 발하고, 약점은 점차 개선되며, 기회는 성공으로 이어지고, 위협은 더 이상 두렵지 않게 될 것이다.

전문가의 도움을 받아 분석의 정확도를 높인다.

사업을 운영하다 보면 가끔 '내가 잘하고 있는 건가?'하는 의문이 들 때가 있다. 그럴 때 전문가의 조언이 큰 도움이 된다. 하지만 '전문가의 도움을 받는다'는 건 구체적으로 어떤 의미일까? 이 내용을 좀 더 흥미롭게 풀어보자.

우선, 프로 컨설턴트나 마케팅, 재무 전문가의 도움을 받는다는 것은 사업의 '레시피'를 확인하는 것과 같다. 이들은 사업 분석을 보다 정확하게 해준다. 전문가의 조언을 통해 전략을 세우고 실행하는 과정에서 개선할 부분을 찾아낸다는 뜻이다. 여기에 더해, 성공적인 사업 경험이 있는 멘토의 조언은 더욱 소중하다. 멘토는 사업 운영 중 만날 수 있는 다양한 상황에 대한 '실전 경험'을 공유해 준다. 멘토의 경험과 지식을 바탕으로 한 조언은 사업 운영 방향을 잡는 데 큰 도움이 된다.

이렇게 전문가의 정확한 분석과 멘토의 생생한 조언이 결합되면, 사업 전략은 한층 더 강화된다. 전문가의 도움과 멘토링은 사업을 운영하는 데 있어 강력한 지원군이 된다. 사업 운영에 어려움을 겪고 있다면, 전문가의 조언을 구하고 성공 경험이 있는 멘토와의 만남을 추구해보자. 그렇게 함으로써 사업도 분명 다음 단계로 나아갈 수 있다.

조직과 함께 목표를 향해 나아가기

SMART 목표 설정

사업을 시작할 때 단순히 '잘 되기를 바란다'는 생각만으로는 충분하지 않다. 이는 마치 내비게이션 없이 낯선 도시를 여행하는 것과 같다. 그래서 소상공인들의 사업 여정을 더 명확하고 효율적으로 안내할 'SMART 목표 설정' 방법을 소개한다.

먼저, '구체적(Specific)'이라는 의미의 S에서 시작한다. 목표는 당신의 사업이 무엇을 위해 존재하는지, 무엇을 달성하려는지를 분명히 하는 사명선언문과 같아야 한다. '많이 팔기'가 아니라, '올해 안에 신제품을 1,000개 팔기'와 같이 말이다.

다음은 '측정 가능(Measurable)'인 M이다. 목표가 얼마나 잘 달성되고 있는지를 알 수 있어야 한다. 이를 위해 '월간 100개 판매'와 같이, 실제로 확인할 수 있는 숫자로 목표를 세운다.

'A'는 '달성 가능(Achievable)'을 의미한다. 목표는 도전적이면서도 현실적으로 달성 가능해야 한다. 예를 들어, 초기 스타트업이 첫 해에 백만 대를 판매하는 것은 비현실적이다. 달성 가능한 목표를 세워 실제로 이룰 수 있는 성취감을 맛본다.

'R'은 '현실적(Relevant)'이다. 목표가 당신의 사업 비전과 맞아떨어져야 한다. 예를 들면, 친환경 제품을 판매하는 사업이라면, '올해 안에 친환경 포장재로 100% 전환하기'가 적합하다.

마지막으로 '시간 제한적(Time-bound)'인 T이다. 목표에는 데드라인이 있어야 한다. '언젠가'가 아니라, '3개월 내에', '2023년 말까지'와 같이 명확한 시간을 설정한다.

이렇게 SMART 목표 설정 방법을 따라 사업 계획을 세우면, 목적지 없는 항해가 아닌, 명확한 목적지를 향해 나아가는 여정이 된다. 이 방법으로 소상공인들의 사업이 한 단계 더 성장하는데 도움이 되길 바란다.

조직을 강화하여 목표를 달성한다.

성공적인 사업은 멋진 아이디어 하나로만 이루어지지 않는다. 사실, 그 뒤에는 항상 훌륭한 조직력이 자리 잡고 있다. 그러면 조직력을 강화하는 방법을 알아보자.

먼저, 각자의 역할을 분명히 한다. 마치 오케스트라에서 각 악기가 자신의 파트를 연주하듯이, 직원 각자가 자신의 역할을 잘 수행해야 아름다운 하모니가 완성된다. 직원들의 역량을 잘 파악해서, 각자가 가장 잘할 수 있는 일을 맡겨 보는 방법도 있다.

소통도 정말 중요하다. 원활한 소통을 통해 정보를 공유하고, 서로의 의견을 듣는 것이다. 이 과정에서 신뢰와 협력의 기반이 마련된다. 소통은 마치 조직이라는 건물에 들어가는 벽돌과 같다. 하나하나 쌓아가며 튼튼한 건물을 만들어 나가야 한다.

그런데 조직력이라고 해서 항상 모든 게 잘 풀리는 것만은 아니다. 가끔은 갈등도 생긴다. 중요한 것은, 이런 갈등을 어떻게 관리하고 해결하느냐이다. 건설적인 의견 교환을 통해 갈등을 해결하고, 이 과정에서 조직력이 더 강해진다.

마지막으로 리더십이다. 리더는 조직의 방향을 제시하고, 모두가 한 목표를 향해 나아갈 수 있도록 이끌어야 한다. 리더의 역할은 마치 배의 항해사와 같다. 직원들을 안전하고 확실한 목적지로 이끌어야 한다.

이렇게 조직력을 강화하는 몇 가지 방법을 살펴보았다. 사실, 이 모든 것은 소상공인들에게도 그대로 적용된다. 조직력은 비즈니스의 성공을 위한 필수 요소이다. 그러니 우리 모두 각자의 역할을 충실히 하면서 원활한 소통과 협력으로 멋진 조직력을 만들어 보자.

조직력을 강화하는 다양한 활동을 진행한다

소상공인들이 조직력을 실제로 강화하려면 어떻게 해야 할까? 여기서는 단순히 함께 일하는 것을 넘어서서 서로의 성장과 성공을 위해 어떻게 협력할 수 있는지 알아본다.

첫 번째, '조직 구축'이다. 직원들이 서로를 더 잘 알고 신뢰를 쌓을 수 있는 활동을 진행한다. 이 활동은 직원들 사이의 친목을 도모하고 협력을 증진시키는 데 도움이 된다. 조직력 향상을 위한 교육 프로그램도 제공해서 모두가 함께 성장할 수 있는 기회를 만든다.

두 번째, '공동 목표 설정'이다. 조직이 하나의 목표를 향해 나아갈 때 각자의 역할이 명확해지고 목표 달성을 위한 동기부여가 된다. 직원들이 자발적으로 참여하고 소통할 수 있는 환경을 만들면, 이 과정에서 자연스럽게 목표를 달성하기 위한 동기가 생긴다. 성과 공유도 중요하다. 조직의 성과를 모두와 공유하고, 칭찬과 보상으로 직원들의 노력을 인정한다. 이는 직원들에게 감사의 마음을 전하고, 앞으로 더 노력하도록 격려하는 좋은 방법이다.

세 번째, '피드백'은 필수적이다. 건설적인 피드백을 통해 직원들의 성장을 도모하고, 개인의 역량 계발을 지원한다. 이는 직원 개개인이 자신의 잠재력을 최대한 발휘할 수 있도록 하는 중요한 과정이다. 이렇게 조직력을 강화하는 다양한 활동을 진행함으로써, 소상공인들의 사업이 더욱 번창하고 직원 모두가 함께 성장하는 모습을 볼 수 있다. 함께라면 어떤 어려움도 극복할 수 있다는 것을 기억하자!

변화하는 세상에 발맞추기

변화의 필요성을 명확하게 인지하고 이해한다.

변화, 그것은 우리가 늘 마주하는 도전이자 기회다. 시장이 변하고, 고객의 요구가 달라지며, 기술이 발전하는 속에서 소상공인으로서 우리는 어떻게 해야 할까? 바로 변화의 필요성을 명확하게 인지하고 이해하는 것에서 시작한다.

시장은 끊임없이 변한다. 오늘 인기 있는 제품이 내일은 구시대의 유물로 남을 수도 있다. 고객의 니즈는 점점 더 세분화되고 다양해지며, 경쟁자들은 더욱 치열하게 우리를 추격한다. 이 모든 변화 속에서 우리가 할 수 있는 일은 무엇일까? 바로 끊임없는 분석과 혁신을 통해 시장 변화에 대응하고 경쟁력을 유지하는 것이다.

하지만 변화는 단지 시장에만 국한되지 않는다. 조직 내부, 즉 우리의 비전, 목표, 전략, 구조, 그리고 문화까지도 변화의 바람은 불어닥친다. 이러한 조직 변화를 성공적으로 이끌기 위해서는, 우리 직원 모두가 변화의 필요성을 이해하고 그 변화의 일부가 되어야 한다.

이야기를 통해 보자. 한 소상공인이 있었다. 그는 시장 변화를 눈치채고, 빠르게 메뉴를 개편하고, 마케팅 전략을 변경했다. 그러나 그 변화가 진정으로 성공하기 위해서는 그의 직원들의 이해와 참여가 필요했다. 그는 직원들과의 정기적인 미팅을 통해 변화의 이유와 목표를 공유하고, 모두가 변화 과정에 적극적으로 참여하도록 했다. 결과적으로, 그의 사업은 더욱 번창했고, 직원들 사이의 유대감도 강화되었다.

변화는 두렵지만, 그 변화를 품고 앞으로 나아가는 것이 우리 소상공인들의 미래를 결정한다. 변화의 필요성을 명확하게 인지하고, 시장과 조직의 변화에 빠르고 혁신적으로 대응함으로써, 우리는 더욱 강력한 경쟁력을 갖출 수 있다. 변화를 통해 우리 사업을 한 단계 더 성장시키자. 변화를 두려워하지 말고, 변화의 주인공이 되어보자.

변화에 대한 직원들의 저항을 최소화한다.

변화는 언제나 도전적이다. 하지만 우리가 이 도전을 함께 헤쳐 나가면, 새로운 가능성의 문이 활짝 열린다. 사실, 변화를 실현하기 위해서는 직원 모두의 마음을 하나로 모으는 것이 필수다. 이 과정에서 가장 중요한 것은 '소통', '교육', 그리고 '지원'이다.

먼저, 소통을 통해 변화의 필요성과 그 목표, 계획, 진행 과정을 모두에게 투명하게 공유한다. 이는 직원들이 변화의 방향을 이해하고, 그들의 의견이 중요하게 여겨진다는 것을 느끼게 한다. 각자의 생각과 아이디어를 자유롭게 나누고, 이를 반영함으로써 변화에 대한 저항을 줄인다.

그 다음은 교육이다. 변화를 위해 필요한 새로운 지식이나 기술, 역량을 키울 수 있는 교육 프로그램을 마련한다. 이를 통해 직원들이 변화에 더욱 쉽게 적응하고, 그 과정을 긍정적으로 받아들일 수 있도록 돕는다.

마지막으로, 변화의 과정에서 직원들에게 필요한 다양한 지원을 아끼지 않는다. 변화로 인한 불안감을 해소하고, 적응을 돕기 위해 옆에서 함께 걷는다. 때로는 격려가, 때로는 실질적인 도움이 필요할 때가 있다.

이렇게 소통하고, 교육하며, 지원하는 과정을 통해 변화에 대한 직원들의 저항을 최소화할 수 있다. 변화는 결코 쉽지 않지만, 우리가 함께 손잡고 나아간다면 분명 성공적으로 이끌어낼 수 있다. 변화를 향한 여정에 동행하는 모든 이들이 한마음 한뜻으로 나아갈 때, 그 어떤 도전도 극복할 수 있다.

변화 관리 프로세스를 체계적으로 구축하면 다음과 같이 진행한다.

변화 계획 수립 : 먼저, 변화의 목표, 범위, 일정, 책임자, 예산을 명확하게 정한다. 이는 변화가 가져올 결과와 그 과정에서 필요한 자원을 구체적으로 파악하기 위함이다. 그 다음으로, 이 모든 정보를 바탕으로 변화 과정에 대한 구체적인 계획을 세운다. 이 계획에는 변화를 실행하는 단계별 작업뿐만 아니라, 필요한 자원 배분, 의사소통 계획, 리스크 관리 방안 등이 포함된다.

변화 실행 : 계획을 세웠다면, 그 계획에 따라 변화를 실행한다. 이 과정에서 중요한 것은 계획의 진행 상황을 지속적으로 모니터링하고, 변화에 대한 반응을 살피는 것이다. 변화 실행 과정에서 예상치 못한 문제가 발생했을 때는 신속하게 대응한다. 문제 대응 방안은 이미 변화 계획 수립 단계에서 리스크 관리 계획을 통해 준비해 둔 전략을 활용할 수 있다. 또한, 상황에 따라 새로운 해결책을 모색하고, 필요한 조치를 취한다.

체계적인 변화 관리 프로세스를 통해 조직은 변화를 보다 효율적으로 관리하고, 변화를 성공적으로 이끌어낼 수 있다. 변화는 언제나 도전이지만, 잘 준비된 계획과 철저한 실행을 통해 이 도전을 기회로 전환할 수 있다.

성과를 지속적으로 관리하기

3

IT 기술로 쉽게 측정하기

주요 성과 지표(KPI)를 설정한다

핵심 성과 영역 : 사업의 핵심 성과 영역을 파악하는 것이 중요하다. 일반적으로 매출 증가, 수익성 향상, 고객 만족도 증가, 시장 점유율 확대 등이 포함될 수 있다. 이러한 영역에 대한 KPI를 설정함으로써, 조직이 중요한 목표에 집중할 수 있도록 돕는다.

다양한 KPI 활용 : 사업의 성과를 평가할 때는 정량적 KPI와 정성적 KPI를 함께 활용하는 것이 좋다. 정량적 KPI는 숫자로 표현되는 성과 지표이며, 매출액이나 수익률 같은 재무적 성과를 측정하는 데 주로 사용된다. 반면, 정성적 KPI는 고객 만족도 조사 결과나 직원 만족도 같이 숫자로 쉽게 표현되지 않는 비재무적 성과를 측정하는 데 사용된다. 이 두 가지 유형의 KPI를 조화롭게 활용함으로써, 사업의 성과를 더욱 종합적으로 평가할 수 있다.

KPI 설정은 사업의 목표와 전략을 명확히 하고, 진행 상황을 체계적으로 모니터링하며, 필요한 조정을 신속하게 수행할 수 있는 기반을 마련한다. 따라서, SMART 기준에 따라 핵심 성과 영역을 식별하고, 다양한 KPI를 통해 사업의 성과를 효과적으로 측정하고 관리하는 것이 중요하다.

데이터 분석을 통해 성과 개선 방안을 마련한다.

데이터 분석을 통해 성과를 개선하는 과정은 이렇게 진행된다. 처음에는 고객 거래 데이터, 웹사이트 방문 데이터, 소셜 미디어 데이터 같은 다양한 정보를 수집한다. 이 정보들을 통해 고객의 구매 행동을 파악하고, 웹사이트 사용자 경험을 좋게 하며, 브랜드 인지도나 고객 만족도, 시장 동향을 알 수 있다. 데이터 분석 도구를 활용하는 단계에서는 Excel, Google Analytics, Tableau, R, Python 같은 다양한 도구를 사용해 데이터를 분석한다. 이 도구들로 데이터를 시각화하고, 패턴을 찾아내며, 예측 모델을 만들 수 있다. 분석 결과를 바탕으로 고객이 무엇을 원하는지 알아내고, 제품이나 서비스를 어떻게 개선할지 찾아내며, 새로운 기회를 발견할 수 있다. 데이터 기반 의사 결정에서는 모은 데이터와 분석 결과를 바탕으로, 객관적이고 데이터에 기반한 결정을 내린다. 이 과정은 직관이나 주관적 판단보다 더 좋은 결과를 가져올 수 있다. 성과 개선 방안을 실행한 뒤에는 계속해서 데이터를 모니터링하고 분석해서 개선 방안이 잘 작동하는지 평가한다. 필요하면 추가 조정을 해서 최고의 성과를 낼 수 있도록 해야 한다.

데이터 분석을 통한 성과 개선은 정확한 데이터 수집, 효과적인 분석 도구 선택, 그리고 데이터 기반 의사 결정이라는 세 가지 핵심 요소에 의존한다. 이 과정을 통해서 조직은 전략적으로 결정을 내리고, 경쟁 우위를 확보하며, 지속적으로 성장할 수 있다.

IT 기술을 활용하여 성과 관리 시스템을 구축한다.

상상해 보자. 당신은 소상공인이고, 매장이나 서비스가 잘 운영되고 있는지 궁금하다. 하지만, 바쁜 일상 속에서 모든 데이터를 일일이 체크하기란 쉽지 않다. 여기서 IT 기술이 등장한다. 마치 영화 속에서처럼, 당신의 비즈니스 성과를 실시간으로 모니터링하고 분석해주는 마법 같은 도구들!

첫 번째 마법의 도구는 BI(Business Intelligence) 도구다. 이 도구를 사용하면, 마치 게임의 점수판을 보듯, 당신의 비즈니스 성과가 어떻게 진행되고 있는지 한눈에 볼 수 있다. 판매량부터 고객의 피드백까지, 모든 데이터가 실시간으로 업데이트된다.

그런데 숫자와 데이터만 보고 있으면 지루하고, 해석하기도 어렵다. 그래서 두 번째 마법의 도구, 데이터 시각화가 등장한다. 이 도구는 복잡한 데이터를 쉽고 이해하기 쉬운 그래프나 차트 형태로 변환해준다. 마치, 어린이도 이해할 수 있는 만화책을 보는 것처럼 말이다.

마지막으로, 비즈니스는 언제나 이동 중이다. 집에 있을 때뿐만 아니라, 외출 중이거나 여행을 갔을 때도 성과를 확인할 수 있어야 한다. 이때 필요한 것이 바로 모바일 앱이다. 당신의 스마트폰이 바로 당신의 비즈니스를 관리하는 마법의 지팡이가 된다. 언제 어디서든 성과를 확인하고 관리할 수 있다.

이렇게 IT 기술을 활용하면, 당신의 비즈니스는 더 이상 단순한 가게나 서비스가 아니라, 실시간으로 성장하고 변화하는 생명체처럼 느껴질 것이다. 모든 소상공인들이 이 마법 같은 도구들을 사용하여, 자신의 비즈니스를 한 단계 더 발전시킬 수 있기를 바란다.

소중한 고객의 의견으로 서비스 개선하기

다양한 방식으로 고객 만족도 조사를 진행한다.

고객의 마음을 얻는 것은 마치 보물찾기와 같다. 어떤 사람들은 지도 없이 보물을 찾으려 하지만, 진정한 보물을 찾기 위해서는 고객의 마음속 지도를 이해해야 한다. 이 지도를 해석하는 방법은 바로 다양한 방식으로 고객 만족도 조사를 진행하는 것이다.

첫 번째 방법은 설문 조사다. 온라인으로도, 오프라인으로도, 심지어 전화를 통해서도 가능하다. 마치 다양한 모험을 즐기는 것처럼, 각각의 방법으로 고객의 속마음을 들여다 볼 수 있다.

두 번째 방법은 고객과의 심층 인터뷰다. 이는 마치 두 사람만의 비밀스러운 대화를 나누는 것처럼, 고객의 개인적인 의견과 소망을 직접 듣는 과정이다. 이를 통해 고객이 진정으로 원하는 것이 무엇인지 깊이 이해할 수 있다.

세 번째 방법은 포커스 그룹이다. 여러 고객을 한데 모아 토론을 벌이는 것이다. 마치 소규모의 토론 대회처럼, 다양한 의견과 관점을 직접 들을 수 있다. 이 과정을 통해 고객들 사이에서 어떤 의견이 공통적으로 나타나는지, 어떤 점이 의견을 갈라놓는지 파악할 수 있다.

마지막으로, SNS 분석이 있다. 고객이 자신의 SNS에 올린 게시글이나 댓글을 분석하는 방법이다. 이는 마치 고객들의 일상 속으로 살짝 들여다보는 것과 같다. 공식적인 조사보다 더 자연스럽고 진솔한 의견을 얻을 수 있다.

이렇게 다양한 방법으로 고객 만족도 조사를 진행하면, 소상공인 여러분의 비즈니스는 마치 고객의 마음속 지도를 손에 넣은 것처럼, 그들의 기대와 요구를 정확히 파악할 수 있게 될 것이다. 고객의 마음이 바로 당신의 비즈니스로 향하는 보물지도라는 점, 잊지 말자!

고객 만족도 조사 결과를 분석하고 개선 방안을 마련한다.

고객의 목소리는 바로 우리의 나침반이다. 이 나침반을 제대로 읽어내기 위해서는 먼저 고객 만족도 조사 결과를 꼼꼼히 분석하는 것에서 출발해야 한다. 이 과정은 마치 해적이 보물 지도를 해석하는 것처럼, 우리가 어디로 가야 할지 방향을 제시해 준다.

문제점 파악은 탐험에서 가장 중요한 첫 번째 발걸음이다. 고객 만족도 조사를 통해 나온 의견들을 하나하나 살펴보며, 우리 서비스의 어떤 부분이 고객의 기대에 미치지 못하는지 찾아낸다. 이는 마치 해적이 보물섬에 도달하기 위해 바람과 조류를 파악하는 것과 같다.

다음으로, 문제점을 해결하기 위한 개선 방안을 제시한다. 이 과정은 해적이 보물섬에 도달하기 위해 자신의 항해 계획을 세우는 것과 유사하다. 어떤 문제가 있었는지 명확히 하고, 그 문제를 해결하기 위해 어떤 조치를 취할지 구체적으로 계획한다.

마지막으로, 고객의 의견을 적극적으로 수렴하고 개선 방안에 반영하는 단계다. 이는 마치 해적이 보물섬에 도착해 실제로 보물을 찾아내는 과정과 같다. 고객의 의견은 우리가 찾고자 하는 '보물'이며, 이를 통해 우리 서비스를 진정으로 가치 있는 것으로 만들어가는 것이다.

이렇게 고객 만족도 조사 결과를 분석하고, 문제점을 파악하여 개선 방안을 마련하는 과정은 소상공인들에게 있어 중요한 항해다. 이 항해를 통해 우리는 고객의 마음속 깊은 곳에 숨겨진 보물을 찾아낼 수 있다. 그리고 그 보물을 찾아내는 순간, 우리의 서비스는 더욱 빛나게 될 것이다.

고객 만족도 향상을 위한 지속적인 노력을 기울인다.

고객 만족도 향상이라는 목표는 마치 우리가 매일 아침 문을 여는 그 순간부터 시작되는 여정과도 같다. 이 여정에서 가장 먼저 해야 할 일은 바로 구체적인 목적지를 설정하는 것이다. 이 목적지는 바로 '고객 만족도 목표'다. 마치 항해를 떠나기 전에 목적지를 정하고 그곳에 도달하기 위한 경로를 계획하는 항해사처럼, 우리도 고객 만족을 위한 명확한 목표를 설정하고, 그 목표에 도달하기 위해 어떤 노력을 기울일지 계획을 세운다.

고객을 우리의 항해 중심에 두는 것, 이것이 바로 '고객 중심 경영'의 핵심이다. 모든 경영 활동이 고객 만족을 최우선으로 생각하며, 이는 마치 바다의 이정표를 따라 항해하는 배처럼, 우리의 사업을 올바른 방향으로 이끈다. 고객의 요구와 기대를 정확히 파악하고, 그것을 충족시키기 위한 서비스는 마치 바람을 잘 받아 항해하는 배의 돛과 같이, 우리 사업을 더 빠르고 멀리 나아가게 한다.

마지막으로, 고객 서비스의 지속적인 개선은 우리 여정의 항상 진행되어야 하는 과정이다. 이는 마치 항해 중에 배가 손상되었을 때 수리하고, 더 나은 성능의 장비로 업그레이드하는 것과 같다. 시간이 지남에 따라 고객의 요구도 변하고, 새로운 기술도 등장한다. 우리는 이러한 변화에 맞추어 서비스를 계속 개선함으로써, 고객 만족도를 높이고, 더 나아가 고객의 기대를 초과하는 목표를 달성할 수 있다.

이처럼 고객 만족도 향상을 위한 지속적인 노력은 소상공인들에게 있어 끝없는 여정이다. 이 여정에서 우리는 목표를 설정하고, 고객을 중심에 두며, 서비스를 지속적으로 개선함으로써, 결국 최종 목적지인 고객 만족의 보물섬에 도달할 수 있다. 그리고 그곳에서 우리는 진정한 성공의 기쁨을 맛볼 수 있을 것이다.

목표 달성을 위한 조직력 강화하기

조직력 강화를 위한 다양한 활동을 진행한다.

조직력은 소상공인들에게 마법 같은 힘을 준다. 혼자서는 어려운 일도, 조직이 되면 새로운 가능성을 열 수 있다. 그래서 오늘은 조직력을 강화하는 방법을 이야기해보려 한다.

첫째, 직원들 간의 친목을 도모하고 협력을 증진시키는 활동은 조직력의 기초를 다진다. 같이 산을 오르거나, 팀 빌딩 워크숍을 진행하는 것만큼 직원들과 서로를 이해할 기회는 없다. 이런 활동을 통해 서로의 장점을 발견하고, 단합된 조직으로 거듭날 수 있다.

둘째, 공동 목표를 설정한다. 조직 전체가 하나의 목표를 공유할 때, 모두가 한 방향으로 나아간다. 중요한 것은 직원 모두가 목표 달성 과정에 참여하고, 그 과정에서의 소통을 통해 동기부여를 받는 것이다. 각자가 목표에 대해 어떻게 생각하는지, 어떤 아이디어를 가지고 있는지 공유하면서 더 큰 시너지를 낼 수 있다.

셋째, 성과를 공유한다. 직원들이 이룬 성과를 크든 작든, 함께 축하하는 것은 매우 중요하다. 이를 통해 직원들은 자신의 노력이 조직에게 인정받고 있다는 느낌을 받게 되며, 이는 더 큰 동기부여로 이어진다. 칭찬과 보상은 직원들이 다시 한번 도전할 힘을 준다.

마지막으로, 건설적인 피드백의 중요성이다. 모든 직원이 성장할 수 있는 환경을 만들어주는 것이 조직력을 강화하는 마지막 키 포인트다. 피드백을 통해 직원들은 자신의 부족한 점을 알고, 더 나은 방향으로 개선할 기회를 가진다. 이 과정에서 서로를 지원하고, 함께 성장하는 조직력이 만들어진다.

이렇게 조직력을 강화하는 네 가지 방법을 통해, 더 강력하고 단합된 조직을 만들 수 있다. 소상공인 여러분, 오늘부터 조직력 강화에 조금씩 시도해보는 건 어떨까? 조직으로서 함께 성장하고, 함께 성공하는 그 날까지, 모두 힘을 내보자!

조직력 강화를 위한 리더십을 발휘한다.

작은 가게를 운영하거나, 카페를 여는 꿈을 가진 소상공인들에게, 단순히 좋은 제품이나 서비스만으로는 성공의 길을 걷기 어렵다는 걸 알려주고 싶다. 그 비밀의 열쇠 중 하나가 바로 '조직력 강화를 위한 리더십'이다.

우선, 리더는 조직에게 명확한 비전을 제시한다. 이 비전은 마치 등대와 같아서, 직원 모두가 어둠 속에서도 나아갈 방향을 잃지 않게 해준다. 리더가 설정한 비전은 직원들에게 동기를 부여하고, 모두가 같은 목표를 향해 나아갈 수 있게 한다.

그 다음 중요한 것은 역할 분담이다. 각자의 역량과 특성을 고려해 역할을 분배함으로써, 직원 각자가 자신의 잠재력을 최대한 발휘할 수 있도록 돕는다. 이는 마치 오케스트라에서 각 악기가 조화롭게 어우러져 아름다운 음악을 만들어내는 것과 같다.

소통은 조직력의 핵심이다. 원활한 소통을 통해 정보를 공유하고, 의견을 수렴하며, 문제를 해결한다. 이 과정에서 신뢰와 협력이 더욱 강화되며, 직원들 사이의 관계도 더욱 돈독해진다.

마지막으로, 갈등 관리 능력도 리더에게는 필수다. 갈등은 어디에나 존재하지만, 이를 건설적으로 해결할 수 있다면, 오히려 조직력을 더욱 강화시킬 수 있다. 갈등을 피하지 않고, 의견을 나누며 해결의 길을 찾는 것이 중요하다.

이 모든 것들이 조화롭게 작용할 때, 조직력은 놀라운 변화를 경험하게 된다. 소상공인들이여, 조직력을 강화하기 위해 리더로서의 역할을 적극적으로 수행해보자. 각자의 역할에서 최선을 다하는 직원들과 함께라면, 어떤 어려움도 극복하고 목표를 달성할 수 있을 것이다.

조직력 강화를 위한 외부 전문가 활용한다.

소상공인 여러분, 사업에서 조직력의 중요성을 모두가 알고 있지만, 실제로 이를 강화하고 직원들의 역량을 키우는 구체적인 방법에 대해서는 종종 고민하게 된다. 이런 고민에 대한 해결책을 제시하고자 한다.

첫 번째 단계로, 전문가와 함께 손을 잡고 조직력을 강화하 위한 프로그램을 개발하고 실행해보자. 전문가의 조언을 통해 조직력 강화 방법을 개선하고, 조직만의 독특한 방식을 찾아낼 수 있다. 이러한 접근은 단기적인 효과를 넘어 조직이 앞으로 마주칠 다양한 상황에서도 지속적으로 도움을 줄 것이다.

다음으로, 직원들에게 조직력에 관한 교육을 제공하는 것이 중요하다. 이 교육을 통해 직원들은 조직력의 진정한 가치와 그 중요성을 깊이 이해하게 될 것이다. 또한, 각자의 역할과 조직 내에서 어떻게 기여할 수 있는지를 더 명확하게 파악하게 될 것이다. 이는 직원 개인의 역량 계발로 이어지며, 결국 조직 전체의 성장과 발전으로 연결된다.

전문가와의 협력을 통해 개발한 프로그램을 실행하고 직원들을 대상으로 한 교육은 조직력을 강화하는 데 있어 필수적인 두 가지 요소다. 이를 통해 서로를 더 잘 이해하고 각자의 잠재력을 최대한 발휘할 수 있는 환경을 조성할 수 있다. 조직력이 튼튼한 조직은 어떠한 도전도 함께 극복해 나갈 수 있다. 지금 바로 이러한 변화를 시작해 보는 것은 어떨까?

고객 맞춤 서비스 전략

4

디지털을 활용해 고객의 마음을 읽기

고객 데이터 종류 및 활용 방법

고객 데이터는 사업을 이해하고 성장시키는 데 중요한 열쇠다. 다양한 종류의 데이터가 각각 사업에 어떻게 도움을 줄 수 있는지 알아보자.

거래 데이터는 고객의 구매 내역, 방문 기록, 선호 상품 등을 분석해 고객의 구매 패턴을 파악한다. 이 정보를 통해 어떤 상품이 인기 있는지, 고객의 구매 성향을 알 수 있다. 웹사이트나 앱 데이터는 방문 페이지, 클릭 경로, 이용 시간 등을 분석해 고객의 관심사를 파악한다. 이 데이터를 활용하면 고객에게 더 관련성 높은 콘텐츠나 상품을 제안할 수 있다. 소셜 미디어 데이터는 고객의 게시글, 댓글, 반응 등을 분석해 고객의 니즈와 인식을 파악한다. 이를 통해 사업이 고객의 기대에 어떻게 부응하고 있는지, 또 어떤 신제품이나 서비스를 개발해야 할지 가이드라인을 제공한다.

고객 설문 조사는 직접적인 질문을 통해 고객 의견, 만족도, 개선점을 파악한다. 이 정보는 고객의 목소리를 직접 듣고, 그에 따라 서비스를 개선하는 데 필수적이다. 데이터 분석 도구를 활용하면 이 모든 고객 데이터를 효과적으로 분석할 수 있다. 다양한 도구들을 사용해 데이터를 체계적으로 분석하고, 그 결과를 바탕으로 사업 전략을 수립하고 실행한다. 이처럼 고객 데이터를 활용해 시장을 이해하고, 성공 사례와 실패 경험을 공유하며, 사업 운영 노하우와 문제 해결 방안을 함께 찾아간다. 데이터를 통해 고객과 더 깊이 연결되고, 사업을 성장시키는 길을 모색한다.

고객 세분화 및 맞춤 서비스 제공

고객을 제대로 알아가는 여정은 마치 별자리를 탐험하는 것과 비슷하다. 각 고객은 하늘의 별처럼 독특하며, 이들을 세심하게 구분 짓는 것이 바로 우리의 임무다. 이번 장에서는 소상공인들이 고객 세분화와 맞춤 서비스 제공을 통해 각 고객의 별자리를 밝히는 방법을 탐구한다.

먼저, RFM(최근성: Recency, 구매빈도: Frequency, 구매금: Monetary) 분석의 마법을 활용해보자. 이것은 고객이 얼마나 자주, 얼마나 최근에, 그리고 얼마나 많은 금액을 구매하는지를 기준으로 고객을 분류하는 기술이다. 이 방법으로 고객을 세분화함으로써,

우리는 각 고객 집단의 특성을 더욱 명확하게 파악할 수 있다.

다음으로, 고객 페르소나 설정이다. 이는 마치 소설 속 인물을 창조하는 것처럼, 대표적인 고객 유형별로 페르소나를 설정하는 과정이다. 이 과정을 통해 각 고객 유형의 선호, 필요, 행동 양식을 더 잘 이해할 수 있게 된다.

이제, 고객의 구매 패턴과 관심사를 분석하여 맞춤형 상품을 추천해보자. 이는 고객에게 자신이 정말 원하는 것이 무엇인지조차 몰랐던 새로운 발견의 기쁨을 선사한다. 개인화된 메시징 전송은 고객과의 대화에서 개인적인 색채를 더하는 방법이다. 고객의 이름을 사용하고, 그들의 과거 구매 내역을 참조하여 메시지를 보내면, 고객은 더욱 가치 있고 개인적인 관심을 받는다고 느낀다.

마지막으로, 세분화된 프로모션 제공은 각 고객 유형에 맞는 맞춤형 프로모션을 통해 고객의 관심을 끌고 구매를 유도하는 전략이다. 이를 통해 고객은 자신에게 특별히 맞춰진 혜택을 받는다고 느끼며, 이는 고객 충성도를 높이는 데 큰 도움이 된다. 고객 세분화와 맞춤 서비스 제공은 소상공인들이 각 고객의 별자리를 밝히고, 그들과 더 깊은 관계를 맺을 수 있는 방법이다. 이 여정을 통해 고객을 더 잘 이해하고, 그들에게 진정으로 가치 있는 경험을 제공함으로써, 우리의 사업은 더욱 빛나는 별이 될 것이다.

고객 데이터 분석 활용 사례

데이터 분석은 단순한 숫자의 나열이 아니라 우리 사업의 성공으로 이끄는 길잡이다. 데이터 분석으로 고객 맞춤 서비스를 성공적으로 제공해 큰 성공을 이룬 기업들의 이야기를 함께 살펴보자.

먼저, 고객의 목소리에 귀를 기울이는 것에서 시작한다. 어떤 기업은 자신들의 서비스가 고객의 기대에 부응하지 않는다는 것을 발견했다. 고객의 불만과 요구 사항을 파악하기 위해 그들은 데이터 분석에 뛰어들었다. 그 결과, 고객이 정말로 원하는 것이 무엇인지, 어떤 부분이 개선되어야 하는지 명확히 알게 됐다. 이 기업은 분석을 통해 얻은 통찰을 바탕으로 서비스를 개선하고 고객 맞춤형 서비스를 제공하기 시작했다. 그 결과는 고객 만족도가 크게 올라가고, 입소문을 통해 더 많은 고객이 몰려들었다는 것이다.

이렇게 데이터 분석은 단순히 숫자 해석을 넘어서, 고객의 니즈를 정확히 파악하고 이를 충족시키는 방법을 찾는 데 큰 도움을 준다. 더 나아가, 이런 분석 결과는 효과적인 마케팅 전략을 수립하는 데 있어 중요한 기초 자료로 활용된다. 이를 통해 고객의 반응을 실시간으로 파악하고 시장의 변화에 민첩하게 대응할 수 있는 전략을 세울 수 있다.

소상공인 여러분, 데이터 분석이 어렵고 복잡해 보일 수 있지만, 그 안에 담긴 가치와 가능성은 정말 크다. 여기에서 소개하는 성공 사례가 여러분에게 영감을 주었으면 한다. 데이터를 통해 고객의 마음을 읽고, 그들이 정말 원하는 것을 제공해 성공의 문을 활짝 열어보는 것이 좋다. 데이터 분석은 바로 여러분의 사업이 다음 단계로 나아갈 수 있는 열쇠다.

고객과 함께하는 커뮤니티 만들기

고객 커뮤니티 구축 및 운영

고객과의 관계를 한 단계 끌어올리고 싶다면 커뮤니티 구축과 운영에 주목해야 한다. 커뮤니티는 고객과 직접적으로 소통하고, 그들의 의견을 듣고, 함께 성장할 수 있는 공간을 제공한다. 그럼 어떻게 시작하는 것이 좋을까?

먼저, 커뮤니티를 위한 적합한 플랫폼을 선택해야 한다. 온라인에서는 소셜 미디어 그룹이나 전용 커뮤니티 사이트를, 오프라인에서는 정기적인 모임이나 이벤트를 통해 고객들과 만날 수 있다. 각 플랫폼의 특성을 잘 파악하고, 사업에 가장 잘 맞는 방식을 선택하는 것이 중요하다.

커뮤니티를 운영하기 위해서는 명확한 방침을 설정해야 한다. 커뮤니티의 목적을 분명히 하고, 운영 규칙을 정립해야 한다. 또한, 고객들이 적극적으로 참여하도록 유도하는 방안을 마련해야 한다. 이 모든 것이 커뮤니티가 활발하게 운영될 수 있는 기반을 마련해 준다.

커뮤니티 관리자의 역할도 중요하다. 관리자는 커뮤니티의 활동을 조율하고, 고객과의 소통을 담당한다. 적절한 관리자를 선정하는 것은 커뮤니티의 성공적인 운영을 위해 필수적이다.

마지막으로, 활발한 소통과 참여를 유도하기 위해 다양한 이벤트를 개최하고, 고객들의 의견에 귀 기울이는 것이 중요하다. 고객들과의 지속적인 소통은 커뮤니티를 더욱 활성화시키고, 사업에 대한 긍정적인 인식을 심어준다.

이 모든 과정을 통해, 소상공인들은 고객들과의 관계를 강화하고, 그들의 필요와 욕구에 더 잘 응답할 수 있는 기회를 얻게 된다. 고객 커뮤니티는 사업이 고객과 함께 성장해 나갈 수 있는 강력한 도구가 된다.

고객과의 소통 및 관계 강화

고객과의 소통 및 관계 강화는 사업의 성공을 위해서 꼭 필요하다. 고객의 목소리를 듣고, 그들의 불만을 해결하며, 감사의 마음을 표현하는 것은 사업에 긍정적인 에너지를 불어넣는다. 이 모든 과정을 재미있고 효과적으로 진행하기 위해 몇 가지 방법을 소개한다. 먼저, 고객 의견 수렴을 위해 다양한 채널을 활용해 보는 것이 좋다. 설문 조사는 물론, 토론이나 제안 시스템을 통해 고객들이 자유롭게 의견을 나눌 수 있는 공간을 만들어 준다. 이를 통해 고객들은 자신들의 의견이 사업에 직접적으로 반영될 수 있다는 점을 알게 되고, 더 적극적으로 참여하게 된다.

고객의 불만 사항에 대해 신속하고 적극적으로 대응하는 것도 중요하다. 문제가 발생했을 때, 빠르고 투명한 커뮤니케이션을 통해 고객의 신뢰를 잃지 않도록 노력한다. 문제 해결 과정에서 고객의 입장을 최우선으로 생각하고, 가능한 최선의 해결책을 제시함으로써 고객과의 관계를 더욱 강화할 수 있다.

고객에게 감사의 마음을 전달하는 것도 잊지 말아야 한다. 감사 이벤트나 프로그램을 통해 고객에게 진심으로 감사의 메시지를 전달해 보는 것이다. 작은 선물이나 할인 쿠폰, 특별한 서비스 제공 등 다양한 방법으로 고객에게 감사의 마음을 표현할 수 있다. 이런 작은 행동들이 고객과의 긍정적인 관계를 구축하는 데 큰 도움이 된다.

마지막으로, 고객 참여 이벤트를 개최하여 커뮤니티를 활성화시키는 것도 좋은 방법이다. 고객들이 직접 참여하고, 서로 소통할 수 있는 이벤트를 통해 커뮤니티의 활동성을 높일 수 있다. 이런 이벤트는 고객들에게 즐거운 경험을 제공함과 동시에, 사업에 대한 긍정적인 인식을 심어주는 효과가 있다.

이렇게 고객과의 소통 및 관계 강화를 위한 다양한 방법을 통해, 소상공인 여러분의 사업이 더욱 번창하기를 바란다. 고객과의 관계를 중시하는 사업은 결국 가장 큰 성공을 거두게 된다.

고객 커뮤니티 성공 사례

언젠가 한 작은 카페에서 시작된 작은 변화가 있었다. 이 카페의 주인은 손님들이 자유롭게 이야기를 나누고, 카페와 관련된 의견을 공유할 수 있는 온라인 커뮤니티를 만들었다. 처음에는 그저 카페의 소식을 공유하고, 특별한 이벤트를 알리는 공간이었지만, 점차 손님들은 이 공간을 자신들의 경험, 추천 메뉴, 심지어는 개인적인 이야기를 나누는 장소로 활용하기 시작했다.

이 작은 변화가 가져온 결과는 놀라웠다. 손님들은 카페에 대해 더 깊은 애정을 갖게 되었고, 새로운 손님들도 커뮤니티의 긍정적인 분위기에 이끌려 방문하기 시작했다. 더욱이, 손님들의 피드백을 바탕으로 메뉴를 개선하고, 이벤트를 기획하는 등 카페 운영에 손님들의 의견이 반영되기 시작했다. 이러한 과정을 통해 고객 만족도는 물론, 브랜드 충성도까지 높아졌으며, 손님들은 카페의 일원처럼 적극적으로 참여하기 시작했다.

이 사례에서 볼 수 있듯, 고객 커뮤니티는 단순히 정보를 공유하는 공간을 넘어, 소상공인과 고객이 서로 소통하고, 상호작용을 통해 관계를 깊게 하며, 비즈니스 성장을 이끌어낼 수 있는 강력한 도구가 될 수 있다.

소상공인 여러분도 자신의 비즈니스에 맞는 고객 커뮤니티를 만들어 보는 것은 어떨까? 고객들과의 관계를 한층 더 깊게 하고, 비즈니스를 성장시킬 새로운 방법을 발견할 수 있을 것이다.

SNS와 후기로 고객 만족도 높이기

소셜 미디어 활용 성공 사례

한 소상공인이 있었다. 그는 자신의 작은 가게를 널리 알리고 싶었지만, 광고 예산은 한정되어 있었다. 그때, 그는 소셜 미디어의 힘을 빌리기로 결정했다. 그의 여정은 단순히 포스팅을 하는 것에서 시작되었지만, 점차 그는 소셜 미디어의 진정한 힘을 발견하게 되었다.

처음에는 그저 자신의 가게와 제품 사진을 올리며 시작했다. 하지만 곧, 그는 다양한 콘텐츠를 실험하기 시작했다. 가게에서 일어나는 일상의 이야기, 고객의 후기, 심지어는 제품 제작 과정까지. 그의 소셜 미디어 페이지는 단순한 광고 공간을 넘어, 고객들과 진정으로 소통하는 공간으로 거듭났다.

그리고 그는 중요한 것을 깨달았다. 소셜 미디어 활용의 핵심은 브랜드 인지도를 높이는 것뿐만 아니라, 고객 만족도를 향상시키는 데에도 있었다. 그는 고객들의 피드백을 적극적으로 받아들이고, 그것을 바탕으로 서비스를 개선해 나갔다. 또한, 그는 소셜 미디어 활동의 성과를 측정하기 위해 몇 가지 핵심 성과 지표(KPI)를 설정했다. 팔로워 수, 게시물의 참여도, 고객의 피드백 등을 주의 깊게 살피며, 어떤 콘텐츠가 가장 효과적인지 분석했다.

이러한 노력은 결국 그의 가게에 큰 변화를 가져왔다. 소셜 미디어를 통해 브랜드 인지도가 크게 향상되었을 뿐만 아니라, 고객들과의 깊은 관계를 형성할 수 있었다. 그의 가게는 이제 단순한 상점이 아니라, 고객들과 소통하고, 그들의 의견을 존중하는 커뮤니티의 중심이 되었다.

이 사례를 통해 볼 때, 소셜 미디어는 소상공인에게 단순한 홍보 도구를 넘어서, 브랜드를 성장시키고 고객 관계를 강화하는 강력한 수단이 될 수 있다는 것을 알 수 있다. 데이터 분석과 KPI 설정을 통해 소셜 미디어 활동을 체계적으로 관리한다면, 그 효과는 더욱 커질 것이다.

사업 실행 면밀히 살펴보기

5

정기적으로 사업 점검하고 빠르게 대응하기

사업 진단 방법

작은 마을에 한 소상공인이 있었다. 그는 자신의 사업을 성공으로 이끌기 위해 끊임없이 노력했지만, 어딘가 모르게 항상 발목을 잡히는 느낌이었다. 그러던 어느 날, 그는 '사업 진단'이라는 마법 같은 도구를 알게 됐다.

그는 사업 진단을 통해 자신의 가게가 직면한 문제점들을 하나씩 밝혀냈다. 마치 숨은 그림 찾기를 하는 것처럼, 그는 자신도 몰랐던 사소한 문제들이 사업 성장을 가로막고 있음을 깨달았다. 이렇게 문제점을 파악한 그는 곧바로 개선 방안을 마련하기 시작했다.

이 과정에서 그는 두 가지 중요한 사실을 깨달았다.

첫째, 사업 진단은 단순히 문제를 찾아내는 것에 그치지 않고, 그 문제를 해결하기 위한 전략 수립에도 큰 도움이 된다는 것이다.

둘째, 문제를 개선함으로써 사업의 경쟁력을 강화하고, 예상치 못한 위기로부터 자신을 보호할 수 있다는 것이다. 이러한 깨달음을 바탕으로, 그는 사업 운영의 효율성을 높이고 수익성을 개선하는 데 집중했다. 예를 들어, 불필요한 지출을 줄이고, 고객 서비스를 개선하여 재방문율을 높이는 방식으로 접근했다.

시간이 흐르면서, 그의 사업은 눈에 띄게 성장하기 시작했다. 사업 진단을 통해 발견된 문제점들을 하나씩 해결해 나가면서, 그의 가게는 마을에서 가장 번창하는 가게 중 하나가 되었다. 이제 그는 사업 진단의 중요성을 누구보다 잘 알고 있었다.

이 이야기는 사업 진단이 단순히 문제를 찾는 도구가 아니라, 사업의 지속적인 성장, 경쟁력 강화 및 위기 예방, 그리고 효율적인 운영 및 수익성 향상을 위한 필수 요소임을 보여준다. 소상공인 여러분, 사업 진단을 통해 자신의 사업을 새로운 눈으로 바라보고, 더 밝은 미래를 만들어 보도록 하자.

사업 진단 방법의 사례

한때 작은 마을에 '모험가 상점'이라 불리는 작지만 매력적인 가게가 있었다. 이 가게의 주인은 자신의 사업을 번창시키고자 하는 큰 꿈을 가지고 있었으나, 어떻게 해야 할지 몰라 막막해하고 있었다. 그때 그는 '사업 진단 방법'을 알게 된다.

첫 번째 도전은 'SWOT 분석'이었다. 마치 숨겨진 보물을 찾는 모험가처럼, 주인은 자신의 가게가 가진 강점(S)과 약점(W), 그리고 마주할 기회(O)와 위협(T)을 찾아내기 시작했다. 이 분석을 통해 그는 자신의 가게가 가진 진정한 잠재력과 마주할 도전들을 파악할 수 있었다.

두 번째 도전은 '재무 분석'이었다. 주인은 가게의 수익성, 유동성, 안정성을 들여다보며 자신의 사업이 재정적으로 얼마나 건강한지를 평가했다. 이 과정에서 그는 자금 관리의 중요성을 깨닫고, 더 효율적인 재무 계획을 세우기 시작했다.

세 번째 도전은 '마케팅 분석'이었다. 주인은 고객, 시장, 경쟁사를 분석하여 자신의 마케팅 전략이 얼마나 효과적인지 평가했다. 이를 통해 그는 시장의 변화에 빠르게 대응하고, 고객의 니즈를 충족시키는 더욱 창의적인 방법을 모색하게 되었다.

네 번째 도전은 '운영 분석'이었다. 주인은 생산, 재고, 물류 등 자신의 가게 운영 프로세스를 면밀히 분석했다. 이 과정을 통해 그는 운영의 효율성을 높이고, 비용을 절감하는 방법을 찾아내었다.

마지막 도전은 '고객 만족도 조사'였다. 주인은 고객의 피드백을 직접 수집하고, 이를 바탕으로 서비스 개선 방안을 도출했다. 이를 통해 그는 고객의 기대를 초과하는 놀라운 경험을 제공하는 가게로 거듭났다.

이러한 사업 진단 방법의 모험을 통해, '모험가 상점'은 마을에서 가장 인기 있는 명소가 되었다. 이 이야기를 통해 소상공인 여러분에게 사업 진단의 중요성을 재미있고 이해하기 쉬운 방식으로 전달하고자 해보았다. 각 단계를 거치며 자신의 사업을 새로운 눈으로 바라보고, 가능성의 문을 활짝 열어보자.

사업 진단 결과 활용

사업을 운영하면서 마주하는 난관은 마치 미로와 같다. 때로는 출구가 보이지 않는 복잡한 길에서 헤매기도 한다. 하지만 걱정할 필요가 없다. '사업 진단 결과 활용'이라는 나침반을 들고 나선 여러분의 모험은 더 이상 혼자가 아니다. 이제, 이 나침반을 사용하여 미로를 헤쳐 나가는 방법을 소개한다.

첫 번째는 '개선 방안 수립'이다. 사업 진단을 마치고 나면, 여러분의 손에는 '보물 지도'가 들려 있다. 이 지도에는 여러분의 사업이 나아가야 할 방향과, 개선해야 할 지점들이 명시되어 있다. 이제 이 지도를 바탕으로 구체적인 '보물 찾기 계획'을 세워본다. 어떤 전략을 사용할지, 어느 부분을 개선할지를 결정하는 것이다.

두 번째 단계는 '실행 및 평가'다. 계획을 세웠다면, 이제는 실제로 보물을 찾아 나설 시간이다. 계획을 실행하며 중간중간 '나침반'을 확인해, 올바른 경로를 따라가고 있는지 확인해본다. 보물을 찾는 여정이 끝나면, 여정을 돌아보며 어떤 부분이 잘되었고 어떤 부분이 개선되어야 하는지 평가해보는 시간을 가져본다.

마지막으로, '지속적인 진단'이다. 보물을 찾았다고 해서 모험이 끝나는 것이 아니다. 더 큰 보물을 찾기 위해, 혹은 다른 미로를 헤쳐 나가기 위해, 정기적으로 사업 진단을 통해 여러분의 '나침반'을 최신 상태로 유지하는 것이 중요하다. 이를 통해 여러분의 사업이 지속적으로 성장하고 발전할 수 있다.

이 모든 과정은 마치 모험가처럼 즐기면서 진행할 수 있다. 사업 운영의 어려움을 해결하는 과정 자체가 하나의 모험이 될 수 있으니까. 사업 진단 결과를 활용하는 이 여정을 통해, 여러분의 사업이 더욱 번창하기를 바란다. 모험을 떠날 준비가 되었나? 그럼, 지금 바로 시작해보자.

위기를 기회로

위기 관리의 중요성

어느 날, 한 소상공인이 자신의 가게를 열심히 운영하고 있었다. 그런데 갑작스럽게 예상치 못한 위기가 찾아왔다. 이때 이 소상공인 앞에는 두 갈래의 길이 있었다. 하나는 위기 앞에서 당황해 손실을 보는 길, 다른 하나는 위기를 기회로 삼는 길이었다.

이 소상공인은 평소 위기 관리의 중요성을 잘 알고 있었다. 예상치 못한 위기 상황에 대비해 전략을 세우고, 손실을 최소화하며 빠르게 회복할 방법을 고민해 두었다. 그리고 그 순간이 닥쳤을 때, 이 소상공인은 당황하지 않았다. 오히려 위기를 기회로 삼기로 결심했다.

이처럼, 위기 상황은 누구에게나 찾아올 수 있다. 중요한 것은 그 위기를 어떻게 대비하고, 어떻게 극복하느냐이다. 예상치 못한 위기에 대비해 미리 준비하고, 손실을 최소화하며 빠르게 회복할 수 있는 전략을 세우는 것, 그리고 위기를 단순히 극복하는 것을 넘어 새로운 기회로 삼는 것이 중요하다.

이제 여러분도 위기 관리의 중요성을 잘 이해했을 것이다. 위기 상황에 대한 대비, 손실 최소화 및 빠른 회복을 위한 전략 수립, 그리고 위기를 기회로 활용하는 것. 이 세 가지를 잘 기억하고 실제 비즈니스에서 활용해 보자. 그렇게 한다면, 예상치 못한 위기 앞에서도 당황하지 않고 오히려 새로운 기회를 창출할 수 있을 것이다.

위기 관리 프로세스

시장의 파도는 때때로 예측할 수 없는 폭풍처럼 소상공인들의 항해를 어렵게 만든다. 하지만 '위기 관리 프로세스'라는 나침반을 잘 활용한다면, 이 폭풍조차도 하나의 흥미로운 모험으로 바뀔 수 있다. 위기를 예측하고 기회로 만드는 과정을 함께 살펴보자.

첫 번째 단계는 위기를 예측하는 것이다. 마치 해적이 바다의 작은 변화에도 민감하게 반응하는 것처럼, 시장 변화, 경쟁 상황, 기술 발전을 면밀히 분석해야 한다. 이를 통해 미래의 돌발 상황을 미리 파악하고 대비할 수 있다.

다음으로 예방 조치를 마련하는 것이다. 폭풍이 오기 전에 선박을 점검하고 방향을 조정하는 것처럼, 위기가 발생할 가능성을 최소화하기 위한 조치를 취해야 한다는 점을 기억하자.

위기가 감지되는 단계에서는, 초기 신호를 빠르게 포착해야 한다. 마치 항해사가 폭풍의 첫 징후를 감지하듯, 사업에서도 위기의 조짐을 신속하게 인지하고 대응 준비를 해야 한다.

대응 계획을 수립하는 단계에서는, 위기 상황에 대한 체계적인 대응 방안을 세우고 실행에 옮긴다. 마치 폭풍을 피해 가는 항로를 찾듯이, 위기를 극복할 수 있는 전략을 세워야 한다.

마지막으로, 위기를 극복한 후에는 반드시 회복과 재발 방지를 위한 시스템을 구축한다. 폭풍 이후에 선박을 수리하고 다음 항해를 위해 더욱 강화하는 선장처럼, 사업도 위기 이후에 더욱 강력해져야 한다.

'위기 관리 프로세스'를 통해 사업을 안정적으로 이끌어가는 방법을 이해하고 실천한다면, 어떠한 위기도 기회로 전환할 수 있을 것이다. 이제 위기를 두려워하지 말고, 그 과정에서 배우며 성장하자. 위기 관리의 달인이 될 준비가 되었는가?

위기 관리, '대응'보다 '준비'

폭풍 속에서 길을 찾기 : 위기 속의 성공 이야기

우리가 알던 시장은 이제 더 이상 존재하지 않는다. 사업의 세계에서 변화는 유일한 상수이며, 위기는 예고 없이 찾아온다. 하지만 걱정하지 마라. 성공하는 기업들은 위기를 단순히 넘기는 것을 넘어, 그것을 성장의 발판으로 삼았다. 이들 기업은 위기 상황을 면밀히 분석하고, 기민하게 대처하여 결국 시장에서 더 강한 위치를 확보했다.

이들의 공통점은 무엇일까? 바로 위기를 전략적으로 관리하는 능력이다. 다양한 위기 상황 속에서도 냉정을 유지하고 문제를 해결해 나간 기업의 공통점은 위기를 세세하게 분석하고, 창의적인 해결책을 모색하여 극복했다는 점이다. 이 과정에서 중요한 것은 '대응'보다는 '준비'라는 사실이다. 위기에 미리 대비하고, 가능한 모든 시나리오를 고려하여 계획을 세웠기 때문에, 실제 위기 상황에서도 흔들리지 않고 대처할 수 있었다.

이때 중요한 것이 위기 관리 전문가의 역할이다. 때로는 자문을 구하는 것이 최선의 방법일 수 있다. 위기 관리 전문가들은 그들의 경험과 지식을 바탕으로, 위기 상황에서 어떤 조치가 필요한지 조언해 줄 수 있다. 이들의 도움을 받음으로써, 기업은 더욱 효과적으로 위기를 관리하고, 심지어는 그것을 기회로 전환할 수 있다.

이야기를 마무리하며, 기억해야 할 것은, 모든 위기가 결국에는 지나간다는 사실이다. 중요한 것은 그 과정에서 우리가 어떻게 대응하고, 무엇을 배우며, 어떻게 성장하는지이다. 위기를 겪는 모든 소상공인들이여, 포기하지 마라. 폭풍이 지나가고 나면, 더욱 강해진 자신을 발견할 수 있을 것이다. 위기 속에서 길을 찾는 여정은 결코 쉽지 않지만, 그만큼 가치 있는 여정이다.

조직의 유연성과 적응력 강화하기

변화 관리의 중요성

변화를 타고 흐르는 법 : 소상공인을 위한 변화 관리 가이드

옛날 옛적, 변화의 바다에서 작은 배를 타고 항해하는 소상공인이 있었다. 이 바다는 언제나 변덕스럽게 바뀌어, 평온한 바람이 부는가 싶더니 갑자기 거센 폭풍우로 변하기도 하고, 때로는 새로운 섬들이 나타나기도 했다. 이 이야기는 바로 여러분, 현대의 소상공인들의 이야기다.

변화하는 환경에 대한 적응

우리의 소상공인은 첫 번째 도전, 즉 변화하는 환경에 맞서야 했다. 시장의 변화, 기술의 발전, 경쟁의 심화 같은 파도들이 그의 배를 흔들었다. 하지만 포기하지 않았다. 오히려, 바다의 변화를 읽고, 바람을 이용해 더 빠르게 목적지로 항해하는 방법을 배웠다. 이처럼, 변화하는 환경에 적응하는 것은 소상공인들이 더욱 강해지고, 새로운 기회를 발견할 수 있는 계기이다.

지속적인 성장 및 경쟁력 유지

소상공인의 두 번째 도전은 지속적인 성장 및 경쟁력을 유지하는 것이었다. 변화에 유연하게 대응하며 자신의 사업을 점점 확장해 나갔다. 또한, 새로운 기술을 도입하고, 창의적인 마케팅 전략을 개발하여 경쟁자들보다 한 발 앞서 나갈 수 있었다. 바로 이렇게 지속적으로 성장하고 경쟁력을 유지하기 위해서는 변화를 두려워하지 않고, 그것을 자신의 이점으로 삼는 것이 중요하다.

조직 구성원의 참여 유도

마지막으로, 우리의 소상공인은 조직 구성원들의 참여를 유도하는 데 성공했다. 모두가 변화에 대해 의견을 나누고, 새로운 아이디어를 제안할 수 있는 문화를 조성했다. 이로 인해, 조직은 더욱 단합되었고, 함께 변화를 이겨낼 수 있는 강력한 힘을 갖게 되었다. 변화에 대한 조직 구성원의 적극적인 참여는 변화를 성공적으로 관리하는 데 있어 필수적인 요소다.

변화의 바다는 여전히 거칠고 예측 불가능할 것이다. 하지만 이 이야기를 통해, 여러분이 어떻게 변화를 긍정적으로 받아들이고, 그것을 성공으로 이끌 수 있는지 알게 되었기를 바란다. 변화를 타고 흐르는 법을 배우면, 여러분도 분명 성공의 섬에 도달할 수 있을 것이다.

변화 관리 프로세스

변화 관리 프로세스를 재미있게 풀어본다면, 우리 소상공인들이 신나는 모험을 시작하는 것과 같다고 할 수 있다. 처음에는 어디로 가야 할지, 무엇을 해야 할지 막막할 수 있다. 하지만 걱정할 필요가 없다. 이 모험에는 명확한 지도가 있으니까.

첫 번째 단계는 '변화 필요성 인식'이다. 모험을 시작하기 전에 지도를 보고 "어, 여기서 무언가 새로운 걸 시작해야겠다!"라고 깨닫는 것과 같다. 이 단계에서는 왜 변화를 해야 하는지, 그리고 그 변화가 우리에게 어떤 의미인지를 분명히 한다.

두 번째 단계는 '변화 목표 설정'이다. 이제 우리는 모험의 목적지를 정해야 한다. "이번 모험에서 우리가 찾아야 할 보물은 무엇인가?"라고 스스로에게 물어보는 것이 중요하다. 목표가 명확할수록 우리 모험은 더욱 직접적이고 효율적이 될 것이다.

세 번째 단계는 '변화 계획 수립'이다. 목표를 설정했다면, 이제 그 목표를 달성하기 위한 구체적인 계획을 세워야 한다. 마치 모험에 필요한 준비물을 챙기고, 어떤 경로로 목적지에 도달할 지 계획을 세우는 것과 같다.

네 번째 단계는 '변화 실행'이다. 이제 진짜 모험의 시작이다! 계획대로 움직이기 시작한다. 중간중간 예상치 못한 장애물이 나타날 수도 있겠지만, 우리의 목표를 향한 열정으로 극복해 나갈 수 있다.

마지막 단계는 '변화 평가 및 개선'이다. 모험을 마치고 돌아와서는, 우리가 겪은 모든 것을 돌아보며 배운 점을 정리한다. 어떤 점이 잘 되었고, 어떤 점을 개선해야 할지 평가한다. 그리고 다음 모험을 위해 더 나은 계획을 세울 수 있다.

이렇게 변화 관리 프로세스를 모험에 비유해 보았다. 각 단계를 거치며, 소상공인들은 자신의 사업을 성공으로 이끌 수 있는 소중한 보물을 찾게 될 것이다. 그리고 이 모험은 결코 혼자가 아닌, 우리 모두가 함께하는 여정임을 잊지 말아야 한다.

변화 관리의 성공 사례

성공적인 변화 관리는 마치 시장에서의 승부처와 같이 우리 소상공인들에게 매우 중요하다. 그렇다면 어떻게 변화를 관리하여 성공의 열쇠를 쥘 수 있을까?

변화의 관리를 성공으로 이끈 기업은 변화를 단순히 필요악으로 여기지 않았다. 오히려 그것을 성장과 발전의 기회로 삼아 전략적으로 접근했다. 이러한 접근 방식은 시장에서의 새로운 기회를 발견하고 경쟁 우위를 확보하는 데 크게 기여했다.

다양한 변화 관리 사례를 살펴보면, 성공의 공통점을 발견할 수 있다. 성공적인 기업들은 변화의 필요성을 일찍이 인식하고, 구성원 모두가 변화를 받아들일 준비가 되어 있도록 했다. 또한 변화를 실행하는 과정에서 구성원들의 의견을 적극적으로 수렴하며 변화에 대한 저항을 최소화하는 방법을 찾아냈다.

이 과정에서 변화 관리 전문가의 역할은 매우 중요하다. 전문가들은 기업이 변화를 관리하는 과정에서 발생할 수 있는 문제들을 예측하고 이에 대한 해결책을 제시한다. 또한 기업의 변화 관리 계획이 현실성 있고 실행 가능한지 검토한다. 이런 전문적인 조언과 지원은 기업이 변화 관리 과정을 원활하게 진행하고 성공적인 결과를 달성하는 데 큰 도움이 된다.

이처럼 변화 관리 과정에서는 전문가의 조언을 활용하고 성공 사례를 벤치마킹하는 것이 중요하다. 또한 변화를 긍정적으로 받아들이고 구성원 모두가 변화의 필요성을 인식할 때 기업은 시장에서의 경쟁에서 우위를 점할 수 있다.

소상공인 여러분, 변화는 두려움의 대상이 아니라 성장과 발전의 기회다. 성공적인 변화 관리를 통해 여러분의 사업이 한 단계 더 성장하는 모습을 기대해 본다. 변화를 통해 시장에서 새로운 기회를 발견하고 여러분의 사업이 더욱 빛날 수 있기를 바란다.

《4장의 핵심 포인트》

차별화된 가치 제공하기

우리는 고객의 숨겨진 니즈를 파악하고 이를 충족하는 맞춤형 제품과 서비스를 개발함으로써 차별화된 가치를 제공할 수 있다.

감성 마케팅과 체험 마케팅 활용

우리는 감성 마케팅과 체험 마케팅을 통해 고객의 감정을 자극하고, 긍정적인 경험을 제공하여 고객과의 감성적 연결을 강화할 수 있다.

온라인 및 오프라인 채널 최적화

비즈니스의 고객 접근성을 높이기 위해 온라인과 오프라인 채널을 효과적으로 통합하고 활용하여 고객에게 일관된 경험을 제공한다.

고객 경험 디자인

우리는 고객 여정을 면밀히 분석하고 각 단계에서 고객 경험을 개선하여 고객의 마음을 사로잡는 매력적인 서비스 디자인을 기획한다.

블루 오션 전략 적용

경쟁이 없는 새로운 시장을 창출하여 경쟁 우위를 확보함으로써 소상공인들이 지속 가능하고 혁신적인 아이디어로 새로운 기회를 발견할 수 있다.

Chapter.5

함께 성장하는 조직 만들기

우리는 따뜻한 조직문화와

적극적인 커뮤니케이션을 통해

직원들과 함께 성장하는

조직을 구축할 수 있다.

따뜻한 조직문화 만들기

1

정기적으로 소통하고 서로를 이해하기

현장에서 출입문이 열리고, 모두가 자리에 앉는다. 여기서 시작되는 것은 단순한 모임이 아니라, 조직의 심장이 뛰기 시작하는 순간이다. 이곳에서는 주기적으로 업무 진행 상황이 공유되며, 문제가 생기면 함께 머리를 맞대고 해결책을 찾아낸다. 각자의 자리에서 열심히 일하는 직원들이지만, 이 시간만큼은 한 조직원으로서 의견을 나누고 소통하는 시간이다. 여기서 나온 의견들은 적극적으로 수렴되어 매장 운영의 기초가 된다. 마치 조각들이 맞춰져 완성된 그림처럼, 각자의 생각과 제안이 모여 큰 결정으로 이어진다. 회의가 끝난 후에는, 논의된 내용을 바탕으로 액션 아이템과 후속 조치들이 명확히 정리된다. 이는 모두에게 명확한 방향성을 제시하며, 결정된 사항이 실제 실행으로 옮

겨지도록 촉구한다. 이 과정을 통해, 모든 구성원은 자신의 목소리가 중요하다는 것을 인지하고, 조직 전체가 하나의 방향으로 나아가는 동력을 얻는다. 회의를 통한 소통은 단순한 정보의 교환을 넘어서, 조직 내 신뢰와 협력의 기반을 다지는 중요한 수단이 된다. 이러한 과정이 바로 조직의 성공을 이끄는 힘이다.

개별 면담은 왜 해야 하나

여러분이 사업을 운영하는 데 있어 '사람'이 가장 중요한 자산 중 하나임은 분명한 사실이다. 직원들과의 긍정적인 관계는 사업 성공의 핵심 요소다. 이를 위해 '개별 면담'은 매우 중요한 도구가 될 수 있다.

개별 면담은 정기적으로 실시되어야 한다. 이 면담을 통해 직원들의 업무 성과는 물론, 개인적인 고민이나 의견도 들어볼 수 있다. 진솔한 대화를 통해 직원들이 직면한 문제를 파악하고, 필요한 격려와 조언을 제공하는 것은 중요하다. 또한, 이 과정에서 직원들에게 구체적이고 진심 어린 피드백을 제공함으로써 그들의 성장과 동기 부여에 기여할 수 있다.

이러한 개별 면담은 단순히 업무 성과를 평가하는 시간이 아니라, 직원들과의 신뢰 관계를 구축하고 소통을 강화하는 소중한 기회가 된다.

그러므로, 여러분은 개별 면담을 정기적으로 실시하여 직원들과의 긍정적인 관계를 유지하고 사업의 성공을 위한 조직력을 강화하기 바란다. 직원들이 행복할 때 사업도 함께 성장하는 것이다.

오픈 커뮤니케이션은 어떻게 하나?

여러분이 사업을 운영하는 데 있어, 오픈 커뮤니케이션이 매우 중요하다. 조직 내에서 정보를 자유롭게 공유하고 소통할 수 있는 시스템을 구축하는 것이 필요하다. 이를 위해 직원들이 필요한 정보에 쉽게 접근할 수 있도록 정보 공유 시스템을 마련해야 한다. 또한, 메신저 같은 소통 채널을 활용하여 직원 간 활발한 대화를 촉진해야 한다. 건설적인 의견 교환과 정보 공유를 통해 조직역량을 향상시킬 수 있다. 이러한 노력은 조직의 효율성을 높이고, 결국 사업의 성공으로 이어질 것이다.

함께하는 목표로 조직력 강화하기

공동 목표 설정은 왜 하는가?

공동 목표 설정은 조직의 성공을 위한 필수적인 과정이다. 조직 전체의 목표와 더불어 각 직원의 개인 목표를 명확하게 설정하고 이를 모두와 공유하는 것이 중요하다. 이 과정을 통해 모든 직원이 같은 방향으로 나아갈 수 있도록 한다. 또한, 목표 달성을 위해 직원들의 적극적인 참여와 협력을 유도해야 한다. 이렇게 함으로써, 조직 전체가 하나가 되어 효과적으로 작동할 수 있으며, 결국 공통의 목표를 성공적으로 달성할 수 있다.

그러면 조직 프로젝트를 통한 협력과 성장은 어떻게 하는가?

여러분이 사업을 운영하면서 조직력의 중요성을 다시 한번 깨닫게 되는 경우가 많다. 이런 상황에서 직원들이 함께 참여하는 조직 프로젝트를 진행하는 건 어떨까? 이런 프로젝트는 직원들에게 공동의 목표를 향해 나아가면서 각자의 역할과 책임을 명확히 하고 협력하는 경험을 제공한다. 프로젝트를 진행하는 동안, 직원들은 서로 의지하고 각자의 장점을 발휘해 공동의 목표를 달성한다. 이 과정에서 부여된 역할과 책임감은 개인과 조직의 성장에 기여한다. 프로젝트가 끝나면, 그 결과를 모두에게 발표하고 서로의 의견과 피드백을 나누면서 조직력을 더 강화할 수 있다.

이런 방식은 업무 성과를 개선하는 것을 넘어서, 직원들 사이의 신뢰를 구축하고 조직 내 협력 문화를 활성화하는 데 큰 도움이 된다. 조직으로서 함께 성장하고 발전하는 경험은 모든 구성원에게 소중한 자산이 된다. 소상공인들도 이제 조직력을 강화하는 이런 프로젝트를 시작해 보는 건 어떨까? 함께라면 우리의 사업도 한 단계 더 성장할 수 있다.

조직력 구축을 위한 활동은 무엇인가?

여러분이 사업을 운영하면서 조직력을 향상시키고 직원들 사이의 친목을 도모하고 싶을 때, 조직력 구축 활동을 진행하는 것이 좋다. 스포츠 경기, 워크숍, 봉사 활동 등 다양한 활동을 기획해 직원들이 함께 참여할 수 있는 기회를 만들어 보자.

이런 활동들은 직원들 간의 소통과 협력을 증진시키는 데 큰 도움이 되며, 긍정적인 조직 분위기를 조성하는 데도 효과적이다. 직원들이 함께 땀을 흘리거나, 새로운 것을 배우거나, 지역사회에 기여하는 경험을 통해 서로에 대한 이해와 신뢰를 높일 수 있다. 이러한 활동을 통해 구성원들은 서로를 더 잘 알게 되고, 조직력이 강화되며, 결국 사업 운영에도 긍정적인 영향을 미칠 수 있다. 조직 내에서 이루어지는 다양한 활동은 직원들에게 즐거움과 동기 부여를 제공하고, 일과 삶의 균형을 찾는 데도 도움이 된다.

그러니 여러분도 직원들과 함께할 수 있는 조직력 구축 활동을 기획해 보는 것은 어떨까? 함께하는 시간을 통해 더욱 강한 조직을 만들고, 사업의 성공을 위한 발판을 마련할 수 있을 것이다.

서로 다름을 존중하고 포용하는 문화 조성하기

다양성 존중의 중요성

여러분이 운영하는 사업에서 다양성을 존중하는 것은 매우 중요하다. 직원들 각자가 가진 다양한 배경, 경험, 그리고 가치관을 존중하고 포용하는 문화를 조성해야 한다. 이는 성별, 연령, 학력, 문화 등 다양한 요소에서 오는 편견이나 차별을 금지하는 것을 포함한다. 다양성을 존중하고 이를 조직의 강점으로 인식할 때, 조직은 더 창의적이고 문제 해결 능력도 향상될 수 있다. 각기 다른 배경을 가진 직원들이 모여 다양한 관점에서 아이디어를 내고, 서로의 생각을 보완하며, 새로운 해결책을 찾아낼 수 있기 때문이다. 다양성을 포용하는 조직은 더욱 건강하고 활기찬 작업 환경을 만들어낸다. 직원들은 자신을 가치 있게 느끼고, 서로를 더 잘 이해하며, 함께 일하는 데 있어 더 큰 만족감을 경험할 수 있다.

따라서, 여러분의 사업에서 다양성을 존중하고 포용하는 문화를 조성하는 것은 조직의 성공을 위해 반드시 필요하다. 이를 통해 조직은 더욱 창의적이고, 유연하며, 모든 직원이 행복하게 일할 수 있는 곳이 될 것이다.

포용적인 리더십의 중요성

여러분이 조직의 리더로서 성공하기 위해서는 포용적인 리더십을 발휘하는 것이 중요하다. 이는 리더가 직원들의 다양성을 존중하고 포용하는 태도를 의미한다. 직원들의 다양한 의견을 경청하고, 개방적인 의사 결정 과정을 시행하는 것이 포함된다. 포용적인 리더십은 직원들이 자신들의 의견이 중요하게 여겨진다고 느끼게 하며, 그들의 역량 발전과 성장을 지원한다. 이러한 리더십 아래에서 직원들은 더욱 적극적으로 자신의 아이디어를 공유하고, 문제 해결에 참여하며, 조직의 목표 달성을 위해 노력한다. 리더가 모든 직원의 의견을 존중하고, 그들의 성장을 지원할 때, 조직은 더욱 강력한 조직력과 협력을 경험할 수 있다. 이는 결국 조직 전체의 생산성과 효율성을 높이는 데 기여한다.

또한, 포용적인 리더십은 직원들의 만족도와 충성도를 높이는 데도 도움이 된다. 직원들이 자신의 가치를 인정받고, 성장할 수 있는 기회를 가질 때, 그들은 조직에 대한 더 깊은 애착을 느끼며, 장기적으로 회사에 기여하고자 하는 의지가 강해진다. 따라서, 소상공인 여러분이 조직의 리더로서 직원들의 다양성을 존중하고 포용하는 리더십을 발휘하는 것은 조직의 건강한 성장과 발전을 위해 필수적이다. 이를 통해 조직은 더욱 혁신적이고 경쟁력 있는 환경을 조성할 수 있을 것이다.

공정한 평가 시스템의 중요성

여러분이 사업을 운영하는 데 있어 공정한 평가 시스템의 구축은 직원들의 동기 부여와 성과 향상에 매우 중요하다. 객관적인 기준에 따라 직원들의 역량 및 성과를 정확하게 평가하고 그에 대한 피드백을 제공하는 것은 직원 개인의 성장과 계발에 큰 도움이 된다. 또한 성과에 따른 보상 및 인센티브 제공은 직원들이 더욱 열심히 일하고 조직의 목표 달성을 위해 노력하게 만든다. 공정한 평가 시스템은 직원들 사이의 신뢰를 구축하며 조직 내에서의 투명성과 정의를 실현하는 데 도움을 준다. 따라서 소상공인 여러분이 운영하는 사업에서 공정한 평가 시스템을 구축하고 실행하는 것은 조직의 성공과 직원들의 만족도를 높이는 데 필수적인 요소라 할 수 있다. 이를 통해 조직은 더욱 건강하고 생산적인 환경을 조성할 수 있다.

협력으로 모두의 성공 이끌기

2

조직 프로젝트로 함께 성과 창출하기

조직 프로젝트가 왜 중요할까?

첫째, 직원들이 서로 협력하며 같은 목표를 향해 나아갈 때 더 좋은 성과를 낼 수 있다. 같이 일하며 목표를 달성하는 과정에서 조직력이 생기고, 이는 전체의 성공으로 이어진다.

둘째, 직원들이 각자 다른 경험과 전문 지식을 가지고 있기 때문에, 이를 결합하면 새롭고 혁신적인 아이디어가 나올 수 있다. 서로 다른 관점을 모아 더 큰 사고를 만들어낼 수 있다.

셋째, 조직 프로젝트에 참여함으로써 직원들은 자신이 중요한 일의 일부라고 느끼게 되고, 이는 동기부여와 참여도를 높인다. 자신의 기여가 조직에 긍정적인 영향을 미친다는 것을 알게 되면, 더 열심히 일하고 싶어진다.

마지막으로, 프로젝트를 통해 조직 내의 소통과 협력이 강화되며, 이는 전체적인 조직력을 향상시킨다. 조직이 하나로 움직이며 문제를 해결하고 목표를 달성하는 과정에서 더 강해진다.

이 모든 것이 조직 프로젝트가 갖는 중요성이다. 직원들이 함께 목표를 향해 나아가고, 다양한 아이디어를 공유하며, 서로를 동기부여하고, 조직력을 강화하는 것. 이런 과정들이 모여 성공으로 이어지는 것이다.

사업을 운영하면서 새로운 시도는 항상 중요하다. 여러분이 주목해야 할 세 가지 핵심 프로젝트에 대해 알아보자. '새로운 상품 개발 프로젝트'는 직원들의 다양한 아이디어와 전문성을 결합해 새로운 제품을 만들어낸다. 각자의 경험과 지식이 모여 더욱 혁신적이고 창의적인 제품을 개발할 수 있는 기회를 제공한다. '마케팅 캠페인 프로젝트'에서는 직원들이 협력하여 시장 조사, 타깃 고객 분석, 창의적인 광고 아이디어 개발 등을 통해 효과적인 마케팅 전략을 기획하고 실행한다. 이 과정에서 조직력과 창의성이 중요한 역할을 한다. 또한, '고객 서비스 개선 프로젝트'는 고객의 피드백을 심도 있게 분석하고, 직원들이 협력하여 서비스 개선 방안을 마련한다. 이는 고객 만족도를 높이고, 결과적으로 고객 충성도와 사업의 성장을 이끌 수 있다.

이 세 가지 프로젝트는 사업의 성장과 발전에 있어 매우 중요하다. 직원들의 협력과 창의성을 바탕으로 새로운 제품을 개발하고, 효과적인 마케팅 전략을 실행하며, 고객 서비스를 개선함으로써 사업을 한 단계 끌어올릴 수 있다.

공동의 성공을 위한 인센티브 마련하기

여러분이 사업을 운영하면서 직원들을 동기부여하고 그들의 성과를 끌어올리는 방법을 고민하는 건 매우 중요하다. 이런 고민에 답을 주는 방법 중 하나가 바로 '인센티브' 제공이다. 인센티브는 직원들이 더 열심히 일하도록 동기를 부여한다. 이는 직원들의 성과를 직접적으로 향상시키는 효과가 있다. 직원들이 자신의 노력이 인정받고 보상받는다는 것을 느낄 때, 그들의 업무에 대한 참여도와 만족도도 자연스럽게 높아진다. 또한, 인센티브는 조직 문화에도 긍정적인 영향을 미친다. 성과를 중시하면서 동시에 직원들의 노력과 성취를 인정하는 문화가 조성되면, 이는 전체 조직의 분위기를 더욱 긍정적이고 활기차게 만든다.

결론적으로, 인센티브는 직원들의 성과를 높이고, 참여도와 만족도를 개선하며, 긍정적인 조직 문화를 조성하는 데 중요한 역할을 한다. 소상공인 여러분도 이를 통해 사업의 성공을 이끌 수 있는 방법을 고민해 볼 수 있다.

사업을 성공적으로 운영하기 위해 효과적인 인센티브 시스템을 구축하는 것은 소상공인에게 매우 중요하다. 먼저, 명확한 기준 설정이 필요하다. 직원들이 어떤 성과를 달성해야 하는지, 그리고 그 성과가 어떻게 평가될지 분명하게 정해야 한다. 이렇게 하면 직원들이 목표를 명확히 이해하고, 이를 달성하기 위해 노력할 수 있다.

다음으로, 다양한 인센티브 유형을 제공하는 것이 좋다. 금전적 보상만이 인센티브가 아니다. 칭찬이나 승진 기회와 같은 비금전적 보상도 직원들의 동기 부여에 매우 효과적일 수 있다. 각 직원의 선호와 동기 부여 요인을 고려하여 다양한 인센티브를 마련하는 것이 중요하다. 공정성 및 투명성 확보 또한 중요하다. 인센티브 지급 기준과 절차를 모든 직원이 이해할 수 있도록 공개하고, 이를 공정하게 운영해야 한다. 이는 직원들 사이에 신뢰를 구축하고, 인센티브 시스템에 대한 긍정적인 인식을 갖게 한다.

소상공인이 사업을 운영하면서 직원들의 동기를 부여하고 성과를 끌어올리는 방법 중 하나는 효과적인 인센티브 제공이다.

첫째, 매출 목표를 달성했을 때 금전적 보상을 제공하는 것이다. 이 방법은 직원들이 목표에 도달하기 위해 더 열심히 노력하게 만든다. 예를 들어, 매달 또는 분기별 매출 목표를 세우고, 이를 달성했을 때 특정 금액의 보너스를 지급할 수 있다.

둘째, 우수 직원을 선정하여 포상하는 것이다. 이는 직원들이 자신의 노력이 인정받고 보상받을 수 있다는 것을 보여주며, 그들의 참여와 성과를 높인다. 우수 직원 선정 기준은 다양할 수 있으며, 선정된 직원에게는 상금, 특별 휴가, 또는 기타 혜택을 제공할 수 있다.

셋째, 직원의 자율성을 존중하는 인센티브 시스템을 운영하는 것이다. 직원들이 자신에게 가장 의미 있는 인센티브를 선택할 수 있도록 하는 것이다. 예를 들어, 직원들에게 보너스, 추가 휴가, 교육 기회 등 다양한 옵션을 제공하고, 그들이 원하는 인센티브를 선택하게 하는 것이다.

이러한 인센티브 사례들은 직원들의 동기 부여와 성과 향상에 크게 기여할 수 있다. 소상공인 여러분이 이러한 사례들을 참고하여 자신의 사업에 맞는 인센티브 시스템을 구축하고, 직원들과 함께 성장하는 사업을 이끌어 가시기 바란다.

서로 배우고 성장하는 멘토링 문화 만들기

멘토링 문화가 소상공인에게 중요한 이유

1. **직원 성장 지원** : 경험 많은 멘토가 직원들이 개인적으로 성장하고 직무 능력을 향상시키는 데 도움을 준다. 이는 직원들이 자신의 역량을 발전시키고 업무에서 좋은 성과를 낼 수 있게 만든다.
2. **조직 역량 강화** : 멘토링은 한 사람의 성장에만 그치지 않고 조직 전체의 역량을 높이는 데 기여한다. 멘토와 멘티 간의 지식 공유는 전체 조직의 능력을 강화시키며, 이는 조직의 경쟁력을 향상시킨다.
3. **후계자 양성** : 멘토링은 미래의 리더를 준비시키는 중요한 역할을 한다. 후계자를 위한 지식 전수와 리더십 스킬 개발을 통해 조직은 장기적인 성장과 안정성을 확보할 수 있다.

멘토링 문화를 장려하고 실천함으로써 소상공인은 자신의 사업이 지속적으로 성장하고 발전하는 데 필요한 인재를 양성할 수 있다. 직원들이 성장하면 그 혜택은 결국 사업 전체로 돌아오게 되니 멘토링에 투자하는 것은 매우 가치 있는 일이다. 성공적인 멘토링 프로그램을 운영하기 위해서는 멘토와 멘티의 적절한 매칭이 기본이다. 이는 두 사람의 역량, 경험, 성격 등을 고려해 이루어져야 하며, 서로에게 잘 맞는 조합을 찾아내면 멘토링의 효과를 크게 높일 수 있다.

그 다음으로 중요한 것은 멘토링 프로그램의 목표 및 기대 효과를 명확히 설정하는 것이다. 목표가 분명할수록 멘토와 멘티 모두에게 방향성을 제공하고, 프로그램을 통해 얻고자 하는 결과에 대해 명확하게 할 수 있다. 또한, 멘토링은 단발적인 활동이 아니라 지속적인 과정이므로, 멘토와 멘티 모두에게 교육과 지원 프로그램을 제공하여 멘토링 과정을 통해 지속적으로 성장하고 발전할 수 있도록 지원하는 것이 중요하다.

마지막으로, 프로그램의 효과를 확인하고 개선하기 위해 정기적으로 성과를 평가하는 것도 필수적이다. 이를 통해 프로그램이 제대로 운영되고 있는지, 목표에 도달하고 있는지를 확인하고 필요한 조정을 할 수 있다. 이런 접근 방식을 통해 소상공인은 자신의 사업에 멘토링 프로그램을 성공적으로 도입하고 운영할 수 있으며, 이는 사업의 성장과 직원들의 개인적 발전에 큰 도움이 될 것이다.

개인과 조직 모두 발전하기

3

개인의 발전을 위한 지원과 기회 제공

소상공인을 위한 교육 프로그램은 직원들이 현재와 미래 시장에서 경쟁력을 갖추도록 다양한 영역을 커버해야 한다.

첫째, 직무 관련 교육은 직원들이 일에서 더 나은 성과를 낼 수 있도록 업무 역량을 강화하는 데 중점을 둔다. 이는 특정 직무 기술이나 프로세스 개선에 도움이 된다.

둘째, 개인의 리더십, 커뮤니케이션 능력, 문제 해결 기술 같은 개인 역량 계발 교육도 중요하다. 이런 교육은 직원들이 자신의 업무뿐만 아니라 조직 내외에서 효과적으로 소통하고 협업할 수 있게 만든다.

마지막으로, 변화에 대응하는 교육은 4차 산업혁명, 디지털 전환 같은 시장 및 기술 변화에 능동적으로 대처할 수 있도록 준비시킨다. 이는 직원들이 계속 변화하는 비즈니스 환경에 적응하고, 신기술을 활용해 업무 효율성을 높일 수 있도록 돕는다.

이러한 교육 프로그램을 통해 소상공인은 자신의 사업을 지속 가능하게 성장시킬 수 있는 유능한 인재를 양성할 수 있다. 직원들의 개인적 성장은 결국 사업의 성장으로 이어지며, 이는 사업의 장기적 성공에 핵심적인 역할을 한다.

소상공인이 운영하는 사업에서 직원들에게 성장 기회를 제공하는 것은 매우 중요하며, 이는 직원들이 자신의 능력과 성과를 인정받으며 발전할 수 있는 기회를 얻는 데 큰 도움이 된다. 성과와 역량에 따른 승진 및 발전 기회를 제공함으로써 직원들에게 자신의 경력 목표를 향해 나아갈 수 있는 동기를 부여하고, 다양한 부서 및 프로젝트에 참여할 기회를 통해 다양한 업무 경험을 쌓게 하며 새로운 기술을 학습할 수 있도록 한다. 이는 직원들이 자신의 업무 범위를 넓히고 다방면에서 역량을 강화하는 데 도움이 된다. 또한, 미래 리더를 기르기 위한 후계자 양성 프로그램을 운영함으로써 사업의 지속 가능한 성장을 위한 인재 풀을 준비하는 계기가 된다. 이러한 프로그램은 직원들에게 리더십 계발 기회를 제공하며 사업 운영에 있어 중요한 역할을 맡을 준비된 인재를 확보하는 데 중요하다.

이처럼 소상공인이 사업에서 직원들에게 성장 기회를 적극적으로 제공하는 것은 직원들의 만족도와 충성도를 높이는 데 기여하며, 결국 사업의 성공으로 이어질 수 있다. 소상공인이 직원들의 자기 계발을 지원하는 것은 개인의 성장은 물론, 사업 발전에도 크게 기여한다. 이를 위한 방법으로 교육 자금 지원, 멘토링 프로그램 운영, 자기 계발 시간 제공 등이 있다.

첫째, 교육 자금 지원은 직원들이 재정적 부담 없이 필요한 교육과 훈련에 참여할 수 있게 하여, 새로운 지식을 습득하고 기존 역량을 강화하는 데 도움을 준다.

둘째, 멘토링 프로그램을 통해 경험 많은 직원들이 자신의 지식과 노하우를 공유함으로써, 직원들이 업무상의 도전을 해결하고 개인적인 경력 목표를 설정하는 데 필요한 지침을 얻을 수 있다.

마지막으로, 자기 계발 시간을 제공함으로써 직원들이 업무 시간 외에도 자신을 발전시킬 수 있는 기회를 갖게 되며, 이는 온라인 코스 수강, 책 읽기, 워크숍 참여 등 다양한 형태로 활용될 수 있다.

이러한 지원을 통해 직원들은 자신의 전문성을 높이고, 소상공인은 사업의 지속 가능한 성장을 도모할 수 있다. 직원들의 개인적 성장이 사업의 성장으로 이어지며, 이는 소상공인에게 장기적인 성공을 가져다 주는 중요한 요소가 된다.

공정한 평가와 보상으로 동기 부여하기

성과에 따른 보상 시스템 구축은 소상공인이 직원들의 동기 부여와 사기 진작을 위해 고려해야 할 중요한 요소다. 기본급에 추가하여 성과가 뛰어난 직원에게 성과급을 지급하는 것부터 시작하여, 금전적 보상만이 아닌 인센티브나 복지 혜택 같은 다양한 보상 유형을 제공함으로써 직원들의 다양한 필요와 선호를 만족시킬 수 있다. 또한, 모든 직원이 자신의 성과가 공정하게 평가받고 그에 따라 보상을 받는다고 느끼게 하는 공정한 보상 시스템의 운영은 조직 전체의 사기와 생산성을 높이는 데 기여한다. 이러한 접근 방식은 직원들의 동기 부여를 증진시키고, 그 결과 사업의 성공으로 이어지는 긍정적인 사이클을 생성한다.

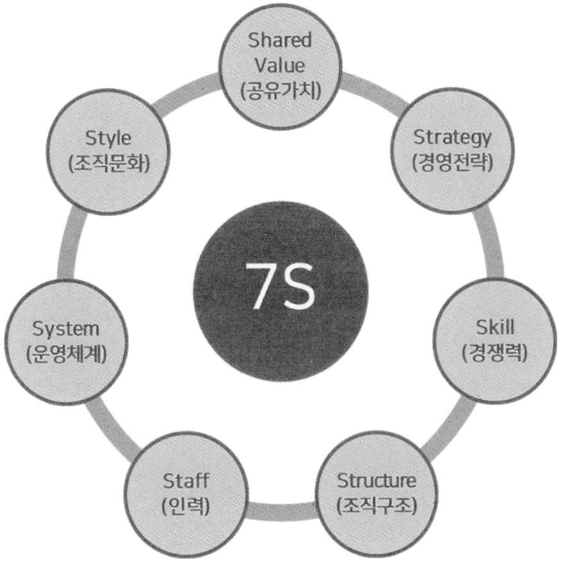

출처: 맥킨지의 7S Model(저자 수정)

위 이미지는 '7S 모델'을 설명하고 있으며, 기업이나 조직의 효과적인 운영을 위한 핵심 요소 일곱 가지를 제시한다. 전략은 조직의 목표와 방향을 설정하고, 구조는 조직의 틀을 정의하며, 시스템은 일상적인 작업의 진행 방식을 규정한다. 공유가치는 조직 구성원들이 공유하는 핵심 가치관을 나타내고, 스타일은 리더십 방식과 조직 문화를 의미한다. 직원은 조직의 구성원들을 포함하고, 기술은 조직이 보유한 경쟁적 기술을 설명한다. 이 모델을 이해하고 적용하면, 소상공인은 자신의 비즈니스를 보다 체계적으로 관리하고 성장시킬 수 있다. 이 과정에서 마케팅과 홍보 전략 교육을 통해 시장을 이해하고, 성공 사례와 실패 경험을 공유하며, 사업 운영 노하우와 문제 해결 방안을 함께 찾아간다.

직원들의 만족도를 높이기 위한 전략으로 정기적인 만족도 조사를 통해 직원들의 의견을 수렴하는 것부터 시작한다. 이 과정을 통해 직원들이 회사에 대해 어떻게 생각하고 있는지와 어떤 부분이 개선되기를 원하는지를 파악할 수 있다. 조사 결과를 바탕으로 구체적인 개선 방안을 마련하고, 이때 직원들의 의견을 적극적으로 반영하여 실질적인 변화를 이끌어내는 것이 중요하다. 또한, 직원들이 자신의 의견을 자유롭게 제시할 수 있는 소통 채널을 확대함으로써, 직원들이 자신들의 생각을 공유하고, 회사가 그 의견을 경청하고 있음을 느낄 수 있게 한다. 이러한 방식으로 직원들의 만족도와 소속감을 높이고, 결국 더 나은 업무 환경을 조성하는 것에 기여한다.

리더십 역량 평가는 소상공인들이 조직 내에서 잠재력 있는 리더를 선발하고 계발하는 데 필수적인 과정이다. 이 과정을 효과적으로 수행하기 위해서는 먼저 리더십 역량 평가 도구를 활용한다. 이 도구들은 개인의 리더십 능력을 객관적으로 측정하고 평가하는 데 도움을 준다.

다음으로, 면접이나 360도 평가와 같은 다양한 평가 방법을 활용한다. 면접을 통해 개인의 대인 관계 능력과 문제 해결 능력을 직접 확인할 수 있으며, 360도 평가를 통해 동료, 상사, 부하 직원 등 다양한 관점에서의 피드백을 받아 볼 수 있다. 이러한 다양한 평가 방법들을 종합적으로 활용함으로써 소상공인들은 조직에 적합한 리더를 보다 정확하게 선발하고, 그들의 리더십 역량을 체계적으로 계발할 수 있다.

리더십 계발 프로그램은 소상공인들이 조직 내 리더십 능력을 키우는 데 중요한 역할을 한다. 이 프로그램은 크게 세 가지 핵심 요소로 구성된다.

첫째, 리더십 교육을 통해 리더십의 기본 개념, 전략, 그리고 실무에 대한 이해를 높인다. 이 교육은 리더로서 필요한 지식과 기술을 습득하는 데 기초가 된다.

둘째, 실무 경험의 제공은 이론적 지식을 실제 상황에 적용해 볼 수 있는 기회를 만든다. 리더 역할 수행 기회를 통해 직접 리더십을 발휘하고, 그 과정에서 발생하는 다양한 상황을 해결하는 경험을 쌓는다.

셋째, 멘토링 프로그램은 경험 많은 리더가 멘토가 되어 지식과 경험을 공유한다. 멘토의 지도 하에 리더십 스킬을 발전시키고, 조직 내에서 마주칠 수 있는 다양한 도전을 극복하는 방법을 배운다.

이 세 가지 핵심 요소를 통합적으로 운영함으로써 소상공인들은 자신과 조직의 리더십 역량을 효과적으로 계발할 수 있다.

후계자 양성 계획 수립은 조직의 미래를 위해 필수적인 과정이다. 이 계획은 리더십 역량과 잠재력을 중심으로 미래 리더 후보를 선정하는 것에서 시작된다. 후보의 선정은 조직에 적합한 리더를 찾는 데 중점을 둔다. 각 후보별 역량과 목표에 맞춰 개인 맞춤형 계발 계획을 수립하고, 이를 통해 필요한 역량을 키울 수 있도록 한다. 계발 계획의 수행 상황은 정기적으로 평가되며 필요한 피드백을 제공받는다. 이 과정을 통해 후보들은 자신의 발전 상황을 지속적으로 점검하고 필요한 조정을 할 수 있다. 이러한 과정을 통해 소상공인들은 조직의 미래 리더를 체계적으로 양성하여 조직의 장기적 성공에 기여할 수 있다.

직원을 중심으로 하는 근무 환경 조성

4

일과 삶의 균형을 위한 유연한 근무 조건

유연 근무제 도입은 현대 조직에서 근무 환경의 다양성과 유연성을 제공하는 중요한 방법이다. 재택근무, 탄력근무, 4.5일 근무 등 다양한 유연 근무제를 도입함으로써 직원들이 자신의 상황에 맞는 근무 방식을 선택할 수 있도록 한다. 이러한 선택권은 직원들의 일과 생활의 균형을 개선하고, 근무 만족도를 높일 수 있다. 또한, 유연 근무제를 도입함에 따라 성과 관리 시스템과의 연계가 필요하다. 성과 관리 시스템을 통해 유연 근무제 하에서도 직원들의 업무 성과를 정확하게 평가하고 관리할 수 있어야 한다. 이와 같은 접근은 직원들의 업무 효율성을 높이는 동시에, 조직의 전반적인 성과 개선에 기여할 수 있다.

직원들의 만족도 조사는 조직 내에서 직원들의 의견과 기분을 파악하고 이를 바탕으로 개선 방안을 마련하는 중요한 과정이다. 유연 근무제 도입에 대한 직원들의 만족도 조사를 진행하여, 이 근무제가 직원들의 업무 환경과 생활 균형에 어떤 영향을 미치는지 파악한다.

조사 결과를 바탕으로 유연 근무제의 개선 방안을 마련하고, 직원들이 보다 만족할 수 있는 근무 환경을 조성해야 한다. 또한, 직원들이 자신의 의견과 제안을 자유롭게 제시할 수 있는 소통 채널을 확대함으로써, 직원들의 목소리에 귀 기울이고 이를 조직 운영에 반영한다. 이 과정을 통해 직원들의 만족도를 높이고, 직원들과 조직 간의 신뢰를 구축하여 조직의 전반적인 성과와 분위기를 개선할 수 있다.

직원의 건강과 행복을 위한 지원 프로그램

건강 관리 프로그램은 직원들의 건강을 유지하고 증진시키는 데 중요한 역할을 한다. 정기적인 건강검진을 제공하여 직원들의 건강 상태를 파악하고 관리할 수 있도록 한다. 이는 잠재적 건강 문제를 조기에 발견하고 대응할 수 있는 기회를 제공한다. 스트레스 관리 프로그램을 통해 스트레스 관리 교육과 상담을 제공함으로써, 직원들이 업무나 개인 생활로 인한 스트레스를 효과적으로 관리할 수 있도록 지원한다. 또한, 운동 시설 지원 및 건강 관련 교육을 제공하여 직원들이 자신의 건강을 증진시킬 수 있는 환경을 조성한다. 이러한 건강 관리 프로그램은 직원들이 건강한 생활을 영위하도록 도와주고, 결국 조직 전체의 생산성과 직원 만족도를 향상시키는 데 기여한다.

복지 프로그램을 통해 직원들에게 실질적인 지원을 제공하는 것은 기업의 성공에 중요한 요소다. 식비 지원, 육아 지원, 연금 지원 등의 다양한 혜택을 통해 직원들의 생활 안정을 도모하고, 이는 직원들의 만족도와 업무 효율성을 높이는 데 기여한다. 직원들의 다양한 요구를 반영한 맞춤형 복지 프로그램을 개발하고 실행함으로써, 직원들이 자신의 필요와 상황에 맞는 지원을 받을 수 있도록 한다. 이는 직원들의 개인적인 욕구를 충족시키는 것뿐만 아니라, 직원들이 조직에 대한 소속감과 만족감을 느끼게 하여 장기적인 관점에서 조직의 안정성과 성장을 도모한다. 가족 지원 프로그램을 제공함으로써 직원뿐만 아니라 그들의 가족까지도 고려하는 기업 문화를 조성하여, 직장과 가정 생활의 균형을 잡을 수 있도록 돕는다. 이러한 접근은 직원들이 더 행복하고 만족스러운 삶을 영위하게 하며, 그 결과로 업무에 더욱 몰입하고 생산적으로 활동할 수 있는 긍정적인 환경을 만든다.

복지 프로그램에 대한 직원들의 만족도 조사는 기업이 직원들의 복지에 대한 인식과 필요를 이해하는 데 중요하다. 이를 통해 직원들이 현재 제공받고 있는 복지 혜택에 대해 어떻게 생각하는지, 어떤 부분에서 개선이 필요한지 파악할 수 있다. 조사 결과를 바탕으로 개선 방안을 마련함으로써, 복지 프로그램을 더욱 효과적으로 운영할 수 있게 된다. 직원들이 자신의 의견과 제안을 자유롭게 제시할 수 있는 소통 채널을 확대하는 것도 중요하다. 이를 통해 직원들은 자신의 의견이 회사에 의미 있게 반영되고 있다고 느끼며, 이는 직원들의 만족도와 조직에 대한 애착을 높이는 데 기여한다. 이러한 과정은 직원들이 조직의 중요한 구성원으로서 가치를 인식하게 하고, 결국 조직 전체의 성과와 분위기를 긍정적으로 변화시키는 데 중요한 역할을 한다.

안전하고 즐거운 근무 환경 만들기

안전 관리는 사업장에서 매우 중요한 부분으로, 직원들의 건강과 안전을 보장하는 데 필수적이다. 안전 규정 교육과 안전 장비 사용 교육을 제공하여 직원들이 안전한 작업 환경에서 일할 수 있도록 한다. 이는 직원들이 안전 규정을 제대로 이해하고 장비를 올바르게 사용할 수 있게 함으로써, 사고의 위험을 줄이는 데 도움이 된다. 안전 시설의 정기적인 점검 및 개선을 통해 작업 환경의 안전성을 지속적으로 유지하고 향상시킨다.

이러한 점검을 통해 잠재적인 위험 요소를 사전에 발견하고 개선함으로써, 안전 사고의 발생 가능성을 줄일 수 있다. 또한, 안전 사고 예방을 위한 정책 및 시스템을 구축하여, 사고 발생 시 신속하게 대응할 수 있는 체계를 마련한다. 이는 모든 직원이 안전한 작업 환경에서 근무할 수 있도록 보장하며, 사업장의 생산성과 직원 만족도를 높이는 데 기여한다.

직원 만족도 향상은 기업 성공의 핵심 요소 중 하나다. 경영진과 직원 간의 소통을 강화하고 직원의 의견을 수렴하여 직원들이 조직 내에서 자신의 목소리가 들리고 중요하게 여겨진다고 느낄 수 있게 한다. 이는 직원들의 참여와 헌신을 높이는 데 기여한다. 협력, 존중, 신뢰와 같은 긍정적인 조직 문화를 조성하여, 직원들이 서로를 지지하고 협력하는 환경을 만든다. 이러한 환경은 직원들 사이의 원활한 소통과 협업을 촉진하며, 이는 전체적인 업무 효율성과 만족도를 높이는 데 도움이 된다. 또한, 조직 운영 및 의사 결정 과정에 직원 참여를 유도하여, 직원들이 조직의 중요한 부분이며 그들의 의견이 가치 있다고 느끼게 함으로써, 직원들의 소속감과 만족도를 높인다. 이러한 접근 방식은 직원의 동기 부여를 증진시키고, 장기적인 성장과 성공을 위한 기업의 기반을 강화한다.

근무 환경 개선은 직원들의 일상적인 업무 효율성과 만족도에 큰 영향을 미친다. 사무 공간을 개선하고 직원들의 편의를 위한 시설을 제공하여 쾌적한 근무 환경을 조성한다. 이는 직원들이 보다 집중하고 효율적으로 일할 수 있는 조건을 만들어 준다.

또한, 직원들이 휴식을 취할 수 있는 공간을 제공하여, 업무 중 스트레스를 해소하고 재충전할 수 있는 기회를 제공한다. 이러한 휴식 공간은 직원들이 업무에 대한 만족도를 높이고, 업무와 개인 생활 간의 균형을 잘 맞출 수 있도록 돕는다. 문화 및 여가 활동 지원을 통해 직원들이 일과 삶의 질을 향상시킬 수 있도록 돕는다. 이는 직원들이 회사 생활을 더욱 긍정적으로 인식하고, 업무에 대한 열정과 헌신을 높이는 데 기여한다. 근무 환경 개선을 통해 직원들의 업무 만족도와 생산성을 높이고, 장기적으로 기업의 성장과 발전에 기여할 수 있다.

지속적인 소통과 피드백으로 함께 성장

5

성과 리뷰와 피드백으로 개선과 발전 도모

성과 리뷰는 소상공인들이 직원들의 성장과 발전을 지원하고, 기업의 목표 달성에 기여하기 위한 중요한 과정이다. 정기적인 성과 면담을 통해 직원들에게 피드백을 제공한다. 이는 직원들이 자신의 업무 성과를 객관적으로 평가받고, 개선점과 성공 사례를 명확히 이해할 수 있는 기회를 제공한다. 성과 리뷰 결과를 바탕으로 개인 계발 목표를 설정한다. 이 과정에서 직원들은 자신의 역량을 더욱 발전시키고, 장기적인 경력 목표에 부합하는 방향으로 성장할 수 있는 목표를 설정하게 된다.

이러한 접근 방식은 직원들이 자신의 성장 가능성을 인식하고, 업무에 대한 동기 부여를 강화하는 데 도움을 준다. 정기적인 성과 리뷰와 계발 목표 설정은 직원들과 기업 모두에게 이익이 되는, 지속적인 성장과 발전을 위한 기반이 된다.

피드백 시스템은 소상공인들이 조직 내에서 의사소통을 강화하고, 직원들의 성장을 돕는 중요한 도구다. 양방향 피드백 시스템을 구축하여 상하향 및 동료 간의 피드백이 원활하게 이루어지게 한다. 이는 모든 직원들이 서로의 업무에 대한 의견을 자유롭게 나누고, 상호 존중하는 문화를 조성하는 데 기여한다. 구체적이고 건설적인 피드백을 제공하여, 받는 이가 자신의 업무 성과를 명확하게 이해하고, 개선할 수 있는 방향을 구체적으로 알 수 있게 한다. 이 과정에서 개선 방향 제시는 직원들이 자신의 역량을 더욱 키울 수 있는 구체적인 목표를 설정하는 데 도움을 준다. 피드백 문화를 조성하여, 조직 내에서 피드백을 통한 성장과 발전을 장려하는 문화를 만든다. 이는 직원들이 자신의 성장 가능성을 인식하고, 업무에 대한 동기를 유지하도록 도와, 장기적으로 조직의 성공에 기여하는 긍정적인 분위기를 조성한다.

피드백 제공 및 수용은 조직 내에서 매우 중요한 역할을 한다. 직원들이 효과적으로 피드백을 주고받을 수 있도록 교육을 제공한다. 이는 서로의 의견을 존중하고, 개선을 위한 건설적인 대화를 나눌 수 있는 기술을 습득하는 데 도움이 된다. 또한, 조직 내에서 긍정적인 피드백 문화를 조성하기 위해 경영진이 앞장서야 한다. 경영진이 피드백에 대해 적극적으로 참여하고 모범을 보임으로써, 직원들 또한 피드백을 긍정적으로 받아들이며 소통하는 태도를 갖게 된다. 이러한 노력은 모든 구성원이 서로를 지원하고 조직의 성장을 도모하는 긍정적인 분위기를 조성하는 데 기여한다.

모두의 아이디어와 혁신을 장려하는 문화 조성하기

아이디어는 비즈니스 세계에서 새로운 기회의 씨앗이다. 이를 잘 가꾸어 나가기 위해, 직원들이 마음껏 아이디어를 제안할 수 있는 제도를 운영한다. 직원들의 창의력을 자극하고, 그들이 회사의 발전에 직접 기여할 수 있는 기회를 제공함으로써, 모두가 함께 성장하는 문화를 조성한다.

그 중에서도 눈에 띄는 우수 아이디어는 특별한 포상으로 격려한다. 이런 포상은 단순한 상금이나 트로피에 그치지 않는다. 직원들의 창의적인 생각과 노력이 회사에 얼마나 중요한지를 보여주는 상징적인 행위이다. 하지만 여기서 멈추지 않는다. 아이디어가 실제로 현실이 되도록 지원하는 시스템도 마련되어 있다. 아이디어가 실현 가능성을 가지고 있다면, 그 아이디어를 현실로 만들기 위한 자원과 지원을 아끼지 않는다. 이 과정에서 직원들은 자신의 아이디어가 실제로 회사의 발전과 변화에 기여하는 것을 보며, 큰 만족감과 성취감을 느낀다.

이처럼 아이디어 공모 제도를 통해, 모든 직원이 회사의 혁신적인 변화에 기여할 수 있는 기회를 가지며, 이는 회사의 지속 가능한 성장과 발전으로 이어진다.

혁신 문화는 조직이 지속 가능한 성장을 이루는 데 필수적인 요소다. 변화와 혁신을 지향하는 조직 문화를 조성함으로써, 구성원들이 새로운 아이디어를 자유롭게 제안하고 실험할 수 있는 환경을 만든다. 이런 환경에서는 모든 구성원이 변화의 주체가 되어 조직의 미래를 함께 그려 나간다. 실패를 두려워하지 않는 분위기는 혁신의 중요한 촉매제다. 실패를 경험하고 그 안에서 배우는 것을 가치 있게 여기는 문화는 구성원들이 도전적인 목표를 설정하고, 그 과정에서 발생할 수 있는 실패를 성장의 기회로 삼게 한다. 이는 구성원들이 더 큰 도전을 두려워하지 않고, 창의적인 해결책을 모색하는 데 도움이 된다.

여러분의 역할도 중요하다. 혁신을 위한 리더십을 발휘하여, 구성원들이 혁신적인 아이디어를 제안하고 실행할 수 있도록 지지와 자원을 제공한다. 사장이 혁신의 중요성을 강조하고, 직접 모범을 보임으로써, 전체 조직이 혁신적인 방향으로 나아갈 수 있도록 이끌어야 한다.

이처럼 변화와 혁신을 옹호하는 문화, 실패를 두려워하지 않는 분위기, 혁신을 위한 사장의 리더십 발휘는 모두가 함께 혁신 문화를 만들어 가는 데 필수적인 요소다. 이를 통해 조직은 지속 가능한 성장을 추구하며, 시장에서의 경쟁력을 강화할 수 있다.

혁신 문화를 뿌리내리기 위한 첫 걸음은 바로 직원들의 창의력 및 문제 해결 능력을 키우는 교육을 제공하는 것이다. 이러한 교육은 단순히 지식을 전달하는 것을 넘어서, 직원들이 새로운 시각으로 문제를 바라보고, 창의적인 해결책을 모색할 수 있도록 돕는다. 창의력은 혁신의 씨앗이며, 이를 키워나가기 위한 지속적인 교육은 조직 내 혁신 문화의 기반을 다진다.

또한, 혁신 문화 조성을 위해서는 경영진의 적극적인 노력이 필수적이다. 운영진은 혁신을 조직 문화의 핵심 요소로 삼고, 이를 모든 직원이 공유하고 실천할 수 있도록 하는 다양한 방안을 모색해야 한다. 이는 혁신에 대한 직원들의 인식을 변화시키고, 혁신적인 아이디어가 자유롭게 제안되고 실행될 수 있는 환경을 조성하는 데 중요한 역할을 한다. 이처럼 창의력 및 문제 해결 능력 향상 교육 제공과 경영진의 적극적인 노력은 소상공인들이 혁신 문화를 조성하고 지속 가능한 성장을 이루는 데 있어 필수적인 요소다.

이 두 가지를 통해, 소상공인들은 변화하는 시장 환경에 능동적으로 대응하고, 지속적으로 혁신을 추구하는 조직을 만들어 갈 수 있다.

변화를 위한 소통의 문을 항상 열어두기

운영진과 직원 간의 원활한 소통은 조직의 성공을 위해 필수적이다. 이를 위한 첫 걸음으로, 정기적인 회의나 타운홀 미팅과 같은 소통 채널을 마련하는 것이 중요하다. 이러한 채널들은 운영진과 직원들이 서로의 생각과 아이디어를 자유롭게 나눌 수 있는 기회를 제공한다. 이 과정에서 직원들은 자신의 의견이 조직 내에서 중요하게 여겨진다는 것을 느끼며, 운영진은 직원들의 생각과 필요를 더 잘 이해할 수 있다.

직원들의 의견을 적극적으로 수렴하고 반영하는 것도 중요하다. 직원들이 제안하는 아이디어나 우려사항을 경청하고, 이를 정책이나 결정에 반영함으로써, 직원들은 자신이 조직 내에서 중요한 역할을 하고 있다고 느낀다. 이는 직원의 만족도와 몰입도를 높이는 데 기여하며, 운영진에 대한 신뢰를 강화한다.

마지막으로, 투명한 의사 결정 과정을 통해 신뢰를 구축하는 것이 중요하다. 의사 결정 과정에서의 투명성은 직원들이 조직의 방향과 결정에 대해 이해하고, 이에 대한 신뢰를 갖게 하는 데 중요하다. 투명성은 불확실성을 줄이고, 직원들이 조직의 비전과 목표에 보다 깊이 동참하게 만든다.

이처럼 정기적인 소통 채널의 마련, 직원 의견의 적극적 수렴, 투명한 의사 결정 과정은 운영진과 직원 간의 소통을 강화하며, 이는 조직의 건강과 성장에 필수적인 요소다. 이를 통해 소상공인들은 직원들과의 신뢰를 바탕으로 한 강력한 조직력을 구축하고, 지속 가능한 성공을 이룰 수 있다.

동료 간의 원활한 소통과 협력은 조직의 효율성을 크게 향상시킨다. 이를 위해 동료 간 협력 프로젝트를 추진하면 서로 다른 배경을 가진 직원들이 공통의 목표를 향해 함께 노력하게 된다. 이러한 프로젝트는 각자의 전문 지식과 기술을 결합하여 새로운 아이디어를 창출하고, 문제를 보다 효과적으로 해결하는 데 도움을 준다.

또한, 정보 공유 시스템의 구축은 동료 간의 원활한 정보 흐름을 보장한다. 이 시스템을 통해 필요한 정보를 신속하게 공유하고 접근할 수 있게 되어, 작업의 중복을 방지하고 효율성을 높일 수 있다. 정보 공유 시스템은 직원들이 언제 어디서나 필요한 정보에 접근할 수 있게 함으로써, 의사 결정 과정을 가속화하고 실수를 줄인다.

공동의 목표 설정은 동료 간 협력의 문화를 조성하는 데 중요한 역할을 한다. 모든 동료가 공동의 목표를 향해 노력할 때, 개인의 이익을 넘어서 조직 전체의 이익을 최우선으로 고려하는 문화가 형성된다. 이는 조직 내에서 조직력을 강화하고, 서로 다른 배경을 가진 동료 간의 장벽을 허물어 전체 조직의 성과를 향상시킨다.

이처럼 동료 간 협력 프로젝트 추진, 정보 공유 시스템 구축, 공동의 목표 설정은 서로 다른 배경을 가진 동료 간의 원활한 소통과 협력을 증진시키는 핵심 요소다. 이를 통해 소상공인들은 조직 내에서 강력한 협력 문화를 구축하고, 지속 가능한 성공을 이룰 수 있는 기반을 마련할 수 있다.

변화 관리는 조직에 있어 필수적인 과정이다. 변화를 성공적으로 이끌어내기 위해서는 먼저 변화에 대한 충분한 사전 소통과 설명이 필요하다. 이를 통해 직원들이 변화의 필요성을 이해하고, 변화에 대한 불안감을 줄일 수 있다. 변화가 단순히 상위 계층에서의 결정이 아니라, 모두가 참여하는 과정임을 알리는 것이 중요하다. 변화에 적응하는 과정에서 교육 및 지원을 제공하는 것도 중요하다. 새로운 시스템이나 절차에 대한 교육을 통해 직원들이 변화를 수용하고, 변화된 환경에서 효과적으로 업무를 수행할 수 있도록 해야 한다. 지원 시스템을 마련함으로써, 직원들이 변화에 대해 더욱 긍정적인 태도를 갖게 하고, 필요할 때 도움을 받을 수 있도록 해야 한다.

또한, 변화 과정에서 직원들의 피드백을 수렴하고 반영하는 것은 매우 중요하다. 직원들로부터 솔직한 의견을 듣고, 그것을 변화 과정에 반영함으로써, 직원들이 변화의 일부라고 느끼게 할 수 있다. 이는 직원들의 만족도를 높이고, 변화에 대한 저항을 줄이는 데 기여한다. 이렇게 변화에 대한 사전 소통, 교육 및 지원 제공, 피드백 수렴 및 반영은 변화 관리 과정에서 매우 중요한 요소다. 이를 통해 소상공인들은 조직 내에서의 변화를 원활하게 관리하고, 직원들이 변화를 긍정적으로 받아들이게 하여, 조직의 성장과 발전을 도모할 수 있다.

《5장의 핵심 포인트》

따뜻한 조직문화 만들기

조직의 심장이 뛰기 시작하는 순간, 정기적인 소통과 문제 해결을 통해 강력한 조직 문화를 조성한다.

협력으로 모두의 성공 이끌기

조직 프로젝트를 통해 직원들이 서로 협력하며 각자의 전문성을 결합해 뛰어난 성과를 창출한다.

개인과 조직 모두 발전하기

소상공인을 위한 교육 프로그램은 직원들의 성장과 조직 역량을 강화하기 위해 다양한 영역을 커버한다.

직원을 중심으로 하는 근무 환경 조성

유연한 근무 조건을 제공함으로써 직원들의 일과 삶의 균형을 개선하고 만족도를 높인다.

지속적인 소통과 피드백으로 함께 성장

성과 리뷰와 피드백을 통해 직원들의 개선점을 명확히 하고 계발 목표를 설정하여 조직과 개인의 발전을 촉진한다.

Chapter.6

더 큰 미래를 위한 성장 전략

소상공인들은 투자 유치
전략을 마련하고,
M&A를 통해
사업 확장을 도모하며,
협상 기술을 개발하여
더 큰 미래를 위한
성장 전략을 실행할 수 있다.

투자 유치의 달인 되기

1

사업의 가치를 높이 평가받을 수 있는 제안서 작성하기

사업 계획서를 쓰는 건 꿈을 실현하는 첫 단계이다. 이 계획서는 어떤 사업을 하려고 하는지, 그 사업이 어떻게 성장할지를 보여주는 이야기책 같은 것이다. 먼저, 이 사업이 무엇인지, 어떤 특별한 점이 있는지를 명확하게 설명해야 한다. 가령, 당신의 카페는 독특한 커피 맛으로 유명하거나, 아이들을 위한 놀이 공간이 있어서 가족 단위 손님이 많을 수 있다. 그리고 당신의 가게가 들어설 시장이 어떤지, 경쟁자들은 누구인지, 당신의 사업이 그들보다 더 나은 점은 무엇인지도 알아야 한다.

다음은 재무 계획이다. 당신의 사업에서 돈을 어떻게 벌고, 어떻게 쓸지를 계획하는 것이다. 이 부분에서는 투자금 사용 계획, 수익 예상, 손익 계산서, 현금흐름표 같은 것들을 작성해야 한다. 이

건 당신의 사업이 실제로 돈을 벌 수 있는지, 건강하게 운영될 수 있는지를 보여주는 중요한 부분이다.

마지막으로, 당신의 사업이 왜 좋은 투자인지를 강조해야 한다. 투자자들이 당신의 사업에 돈을 투자하고 싶도록 사업에서 가장 매력적인 포인트를 강조해야 한다. 이건 당신이 가진 독특한 아이디어나, 시장에서의 잠재력일 수 있다.

아울러 이 모든 정보를 간결하고 이해하기 쉽게 표현하는 것이 중요하다. 소상공인들이나 중학생 수준의 독자들도 재미있게 읽고 쉽게 이해할 수 있도록 해야 한다.

사업을 시작하는 데 있어서 시장 조사와 분석은 매우 중요하다. 이 과정을 통해 사업이 성공할 수 있는 기반을 마련할 수 있다.

먼저 잠재 투자자를 파악하는 것부터 시작한다. 사업 분야와 성장 단계에 맞는 투자자를 찾는 것이다. 이는 사업에 필요한 자금을 확보하는 데 중요한 첫 걸음이다.

다음으로, 투자자들의 기대와 요구사항을 분석한다. 투자자들이 어떤 기준으로 투자 결정을 내리는지, 그들이 사업에서 무엇을 기대하는지 알아야 한다. 이 정보는 투자 제안서나 발표를 준비할 때 매우 유용하다.

마지막으로, 경쟁사 분석은 필수다. 경쟁사가 어떻게 투자를 유치했는지, 그들의 성공 사례는 무엇인지 알아보아야 한다. 이를 통해 자신의 사업 전략을 개선하고, 투자자들에게 자신의 사업이 경쟁사보다 우수하다는 것을 증명할 수 있다.

이 세 가지 단계를 통해 효과적인 시장 조사 및 분석을 수행할 수 있다. 이 과정은 사업의 성공 가능성을 높이고, 잠재 투자자들에게 자신의 사업을 효과적으로 소개하는 데 도움이 될 것이다.

사업을 시작하고 운영하는 과정에서 전문가의 도움을 받는 것은 큰 자산이다. 사업 계획서를 작성할 때 전문가를 활용하는 것이 첫 단계다. 이들은 사업 계획서가 명확하고 설득력 있게 작성되도록 도와준다. 전문가들은 사업 아이디어를 잘 구성된 문서로 변환하는 데 필요한 경험과 지식을 갖추고 있다.

또한, 법률 및 재무 분야에서도 전문가의 자문을 받는 것이 중요하다. 법률 전문가는 사업을 시작하고 운영하는 데 있어 필요한 법적 요구사항을 충족시키는 방법을 제시한다. 재무 전문가는 사업의 재무 계획을 세우고, 투자 유치 전략을 개발하는 데 도움을 준다. 이러한 전문가들의 도움을 받음으로써 사업 계획의 효율성을 높이고, 잠재적인 위험을 줄이며, 사업의 성공 가능성을 높일 수 있다.

넓은 네트워크를 통해 투자자 만나기

네트워킹 강화는 투자자를 찾고, 사업 아이디어에 대한 피드백을 얻으며, 필요한 지식과 자원을 공유하는 데 중요한 역할을 한다. 투자 포럼, 컨퍼런스 등 투자 관련 행사에 참여하는 것은 네트워킹을 강화하는 좋은 방법이다. 이러한 행사들은 투자자들과 직접 만나고, 사업 아이디어를 소개할 기회를 제공한다. 또한, 다른 사업가들과 경험을 공유하고 협력할 수 있는 기회도 마련된다. 온라인 플랫폼을 활용하여 소셜 미디어, 사업 관련 포럼, 투자자를 위한 웹사이트 등은 네트워킹을 확장하고, 사업과 관련된 정보를 얻을 수 있는 유용한 자원이다.

업계 전문가 및 투자자들과의 지속적인 네트워킹은 사업 성장에 큰 도움이 된다. 이들과의 관계를 발전시키는 것은 장기적으로 사업에 긍정적인 영향을 미친다. 전문가들의 조언은 사업 방향을 잡는 데 도움이 되고, 투자자들과의 관계는 필요한 자본을 확보하는 데 중요하다. 이 모든 네트워킹 활동은 사업의 성공을 위한 중요한 기반이 된다.

한편 온라인 플랫폼의 활용은 현대 사업에서 빼놓을 수 없는 전략이다. 엔젤 투자 플랫폼에 사업 정보를 등록하는 것이 첫 단계다. 이러한 플랫폼들은 초기 단계의 사업에 자금을 제공할 수 있는 개인 투자자들과의 연결을 용이하게 한다. 사업 아이디어와 성장 가능성을 효과적으로 전달하면, 관심 있는 투자자들로부터 자금을 확보할 기회를 얻을 수 있다.

크라우드 펀딩 플랫폼을 통한 투자 유치도 중요한 전략이다. 이 방법은 대중으로부터 소액의 투자를 모으는 것을 가능하게 하며, 사업 아이디어에 대한 대중의 관심과 지지를 직접적으로 확인할 수 있는 기회를 제공한다. 크라우드 펀딩은 또한 사업에 대한 인지도를 증가시키는 데에도 도움이 된다. 사람들이 프로젝트에 투자함으로써 자연스럽게 사업에 대한 입소문이 퍼지고, 이는 추가적인 관심과 투자를 유도할 수 있다.

소셜 미디어는 사업의 비전과 가치를 널리 알릴 수 있는 강력한 도구로, 사업가들은 이를 통해 대중과 직접 소통할 수 있다. 소셜 미디어 채널을 활용하여 사업의 성장 과정, 성공 사례, 조직의 이야기 등을 공유함으로써, 잠재 투자자들과의 신뢰를 구축하고, 사업에 대한 관심을 끌어올릴 수 있다. 이러한 온라인 플랫폼의 활용은 소상공인들이 자금을 확보하고, 사업을 성장시키는 데 있어 중요한 전략이 된다. 엔젤 투자 플랫폼, 크라우드 펀딩, 소셜 미디어 등 다양한 온라인 채널을 적극적으로 활용함으로써, 사업가들은 넓은 범위의 잠재 투자자들에게 도달할 수 있으며, 사업의 가치와 잠재력을 효과적으로 전달할 수 있다.

투자 유치 전략을 수립하는 것은 사업의 성장에 있어 중요한 과정이다. 투자 유치 목표를 설정하는 것이 첫 단계다. 이는 필요한 자금의 총액과 투자를 유치하고자 하는 단계를 명확히 하는 것을 포함한다. 명확한 목표는 사업 계획을 구체화하고, 투자자에게 전달할 메시지를 명확히 하는 데 도움이 된다.

타깃 투자자를 선정하는 것도 중요하다. 사업 분야와 현재의 성장 단계에 가장 적합한 투자자를 찾는 것은 투자 유치의 성공 확률을 높인다. 각 투자자는 특정 산업에 대한 선호도와 투자 전략이 다르기 때문에, 사업과 가장 잘 맞는 투자자를 선별하는 것은 매우 중요하다. 투자자 각각의 관심사와 기대를 충족시킬 수 있는 맞춤형 제안을 준비하는 것이 중요하다. 이는 투자자가 사업에 대해 긍정적인 결정을 내리도록 유도하는 데 중요한 역할을 한다.

투자 제안은 사업 계획, 재무 예측, 시장 분석 등 투자자가 관심을 가질 만한 모든 정보를 포함해야 한다. 이러한 과정을 통해 소상공인들은 투자 유치의 가능성을 높이고, 사업의 성장을 위한 필요한 자금을 확보할 수 있다. 목표 설정부터 타깃 투자자 선정, 그리고 투자 제안 전략 수립에 이르기까지 각 단계는 사업의 성공적인 투자 유치를 위해 중요하다.

협상을 통해 최선의 조건 이끌어내기

협상 준비는 사업의 미래와 직결되는 중요한 과정이다. 투자 조건 및 시장 상황을 분석하는 것이 첫 단계다. 이를 통해 현재 시장 내에서 사업의 위치를 파악하고, 투자자가 제시할 수 있는 조건들을 예측할 수 있다. 이러한 분석은 협상 과정에서 유리한 위치를 차지하기 위한 기반을 마련한다.

협상 목표를 설정하는 것도 필수적이다. 협상을 통해 달성하고자 하는 최대 목표와 받아들일 수 있는 최저 목표를 명확히 해야 한다. 이는 협상 과정에서의 결정을 보다 명확하게 하고, 어떠한 상황에서도 사업의 이익을 최대화할 수 있도록 돕는다.

협상 과정에서 예상치 못한 상황이 발생할 수 있으므로, 다양한 시나리오에 대비한 대안을 준비하는 것이 매우 중요하다. 이는 협상이 예상한 방향으로 진행되지 않을 경우에도 유연하게 대응할 수 있는 능력을 제공한다. 이러한 협상 준비 과정은 소상공인들이 투자자와의 협상에서 최적의 결과를 도출할 수 있도록 돕는다. 투자 조건과 시장 상황 분석에서부터 목표 설정, 대안 마련에 이르기까지, 각 단계는 사업의 성공적인 성장을 위해 필수적인 요소다.

협상 전략은 사업 성장의 중요한 기회를 만드는 데 큰 역할을 한다.

자신감을 유지하는 것이 첫 단계다. 자신감 있는 태도는 협상 과정에서 상대방에게 긍정적인 인상을 줄 뿐만 아니라, 자신의 주장을 더욱 설득력 있게 만든다. 자신감은 준비의 결과이므로, 충분한 준비를 통해 자신감을 갖추는 것이 중요하다.

사업 계획, 시장 분석 결과 등 구체적인 데이터와 사실을 바탕으로 주장을 제시하면, 협상에서의 주장에 무게를 더할 수 있다. 객관적인 자료는 주관적인 의견보다 설득력이 높으므로, 협상에 있어 강력한 도구가 된다. 역제안을 준비하는 것도 필수적이다. 투자자의 제안에 대해 단순히 수락하거나 거절하기보다는, 상황에 따른 역제안을 준비함으로써 협상의 주도권을 유지할 수 있다. 역제안은 자신의 요구와 투자자의 요구 사이의 균형을 찾는 과정에서 중요한 역할을 한다. 이러한 협상 전략은 소상공인들이 투자자와의 협상에서 유리한 위치를 차지하고, 사업의 이익을 극대화할 수 있는 기회를 제공한다. 자신감 유지, 데이터 및 사실 제시, 역제안 준비는 협상 과정에서 강력한 영향력을 발휘할 수 있는 핵심 요소다.

협상 전문가 활용은 사업의 성공적인 발전을 위한 필수적인 전략이다. 협상 전문가를 활용하는 것이 첫 단계다. 전문적인 협상 전략 및 기술을 습득함으로써, 협상 과정에서 더 나은 결과를 도출할 수 있다. 협상 전문가는 복잡한 협상 과정을 효과적으로 관리하고, 최적의 결과를 얻기 위한 전략을 제공한다. 법률적인 문제나 재무적인 결정은 사업 운영에 중대한 영향을 미칠 수 있으므로, 해당 분야의 전문가로부터 자문을 받는 것은 매우 중요하다. 법률 및 재무 전문가는 복잡한 법률적 문제를 해결하고, 재무 관리에 있어 최적의 결정을 내릴 수 있도록 도와준다. 이러한 전문가 활용은 소상공인들이 협상 과정에서 더 나은 위치를 확보하고, 사업 운영에 있어 복잡한 법률 및 재무 문제를 효과적으로 해결할 수 있도록 돕는다. 협상 전문가와 법률 및 재무 전문가의 자문은 사업의 성장과 발전을 위한 중요한 자원이다.

M&A로 사업의 지평 넓히기
(Mergers & Acquisition: 기업 인수 합병)

2

M&A의 목표와 기대 효과 명확히 하기

소상공인이든 대규모 기업이든 M&A를 통해 달성하고자 하는 바를 분명히 해야 한다는 것을 의미한다. 명확한 목표 없이는 전략적 방향성을 결정짓기 어렵다. 예를 들어, 어떤 회사는 시너지 효과를 극대화하고자 할 수 있으며, 다른 회사는 시장 점유율을 확대하거나 새로운 사업 영역에 진출하고자 할 수 있다. 이처럼 목표는 다양하게 설정될 수 있으며, 이는 전략 수립의 기반이 되며 효과적인 계획을 수립하는 데 필수적이다.

한편 설정한 목표에 따라 최적의 파트너를 찾아내는 과정은 매우 중요하다. 이를 위해 광범위한 시장 조사와 함께 후보 기업들의 재무 건전성, 기업 문화, 사업 모델 등을 면밀히 분석해야 한다. 성공적인 M&A는 목표에 부합하는 기업을 정확히 찾아내는 것에서 시작된다. 이 과정은 시장 동향 분석, 경쟁사 분석, 기업 가치 평가와 같은 다양한 검토 작업을 포함한다.

한편, M&A 방식 선택도 전략 수립의 핵심 단계 중 하나다. 인수, 합병, 합작 투자, 자산 매입 등 다양한 방식이 존재하며, 각각의 방식은 특정 상황에 더 적합할 수 있다. 따라서 목표와 타깃 기업의 특성, 시장 상황 등을 종합적으로 고려하여 가장 효과적인 방식을 선정하는 것이 중요하다. 선택된 방식은 M&A의 성공 여부를 크게 좌우할 수 있으며, 각 방식의 장단점을 이해하고 적절히 활용하는 것이 필수적이다. 결론적으로, M&A 전략 수립은 명확한 사업 목표 설정, 최적의 파트너 선정, 그리고 가장 적합한 방식의 선택이라는 세 가지 핵심 요소를 통해 이루어진다. 이 세 가지 요소는 상호 연관되어 있으며, 각 단계가 성공적으로 수행될 때 M&A 전략은 성공으로 이어질 수 있다. 이 과정은 복잡하고 시간이 많이 소요될 수 있지만, 체계적이고 전략적인 접근 방식을 통해 기업은 더 큰 성장과 발전을 이룰 수 있다.

기업이 다른 기업과 합쳐지거나 인수할 때 사업 활동, 시장 진입, 기술 혁신, 인력 운영 등 여러 분야에서 시너지를 창출할 수 있다. 이러한 시너지는 기업이 단독으로 운영될 때보다 더 큰 효과를 낼 수 있다. 예를 들어, 두 기업의 결합으로 새로운 시장에 더 쉽게 진입할 수 있거나, 기술을 공유하여 제품 개발 속도를 높일 수 있다.

M&A를 통해 매출 증대, 비용 절감, 수익 증가 등 긍정적인 재무적 결과를 기대할 수 있다. 매출이 증대되는 이유는 시장 점유율 확대, 제품 라인업 다양화 등이 있을 수 있으며, 비용 절감은 운영

효율성 개선, 구매력 증대 등으로 인해 발생할 수 있다. 이러한 재무적 효과는 기업 가치를 높이고 주주들에게 더 큰 이익을 돌려줄 수 있다.

비재무적 효과 역시 중요하다. 경쟁력 강화, 시장 점유율 확대, 브랜드 가치 향상 등은 M&A를 통해 기대할 수 있는 중요한 비재무적 효과다. 경쟁력이 강화되는 이유는 더 다양한 자원과 역량을 확보할 수 있기 때문이며, 시장 점유율이 확대되는 것은 결합된 기업의 시장 영향력 증대 때문이다. 또한, 브랜드 가치가 향상되는 것은 두 기업의 긍정적인 이미지가 합쳐져 시너지를 낼 수 있기 때문이다.

기대 효과 분석은 M&A가 기업에 어떤 긍정적인 변화를 가져올 수 있는지를 평가하는 과정이다. 시너지 효과, 재무적 효과, 비재무적 효과 등을 종합적으로 분석함으로써, M&A의 가치와 가능성을 정확히 이해할 수 있다. 이러한 분석은 기업이 M&A를 결정하는 데 있어 중요한 기초 자료가 된다.

DD(Due Diligence), 즉 실사 과정은 M&A를 고려할 때 매우 중요하며, 타깃 기업의 진짜 가치를 파악하는 데 필수적이다. 재무 DD에서는 타깃 기업의 재무 상태와 실적을 꼼꼼히 들여다본다. 재무제표, 부채 상황, 자산 가치, 수익성 등이 재무 DD의 주요 포커스다. 이 과정을 통해 타깃 기업의 재무 건전성과 투자 가치를 정확히 평가할 수 있다.

법률 DD는 첫 단계다. 이 과정에서는 타깃 기업이 직면하고 있는 법률적 문제점을 분석한다. 계약, 소송, 특허, 저작권 등과 관련된 법률적 위험 요소들을 확인하고, 이러한 문제들이 M&A 거래에 미칠 수 있는 영향을 평가한다. 법률 DD는 잠재적인 법률적 위험을 사전에 파악하고 해결 방안을 모색하는 데 도움을 준다. 사업 DD에서는 타깃 기업의 사업 현황과 전망을 면밀히 분석한다. 시장 위치, 경쟁력, 성장 가능성, 사업 모델의 지속 가능성 등이 중점적으로 검토된다. 사업 DD를 통해 타깃 기업의 사업 전략과 시장 내 위치를 이해하고, 미래 성장 잠재력을 평가할 수 있다.

결국, DD를 철저히 진행하는 것은 M&A 과정에서 발생할 수 있는 리스크를 최소화하고, 타깃 기업에 대한 정확한 평가를 가능하게 하는 핵심적인 단계다. 재무, 법률, 사업 DD를 통해 타깃 기업의 진정한 가치와 잠재적인 위험 요소들을 파악할 수 있으며, 이는 투자 결정 과정에서 매우 중요한 정보가 된다.

문화와 조직을 스마트하게 통합하기

M&A 이후의 통합 과정이 원활하게 진행되기 위해서는 체계적인 계획이 필요하다. 이 계획은 통합의 비전과 목표를 설정하는 것으로 시작된다.

두 기업이 하나로 합쳐지면서 추구하는 궁극적인 목표와 비전을 명확히 한다. 이 비전과 목표는 통합 과정 전반에 걸쳐 중심축 역할을 하며, 모든 결정과 행동의 기준이 된다. 이를 통해 직원들의 방향성을 제시하고, 모두가 같은 목표를 향해 나아갈 수 있게 한다.

통합 프로세스 설계는 첫 단계다. 통합의 세부 과정과 일정을 설계하는 단계로, 어떤 업무가 언제, 어떻게 진행될지에 대한 계획을 세운다. 이 과정에서는 통합의 각 단계별로 필요한 작업, 우선순위, 시간 배분 등을 고려하여 효율적이고 실현 가능한 계획을 수립한다. 이는 통합 과정을 체계적이고 원활하게 진행하기 위한 로드맵 역할을 한다. 통합 과정을 책임지고 실행할 전담 조직을 구성하는 단계다. 이 조직은 다양한 부서와 전문 분야에서 온 구성원들로 이루어져야 하며, 통합의 각 단계를 성공적으로 이끌어갈 수 있는 역량과 경험을 갖추고 있어야 한다. 통합 조직은 전체 통합 과정을 관리하며, 발생할 수 있는 문제를 신속하게 해결하고, 통합의 비전과 목표를 달성하기 위해 중요한 역할을 한다.

결국, 통합 계획 수립은 M&A 이후의 성공적인 통합을 위한 필수적인 과정이다. 명확한 비전과 목표 설정, 실현 가능한 프로세스 설계, 그리고 효과적인 조직 구성을 통해, 합병된 기업이 하나로 잘 통합될 수 있도록 하는 것이 중요하다. 이러한 계획적 접근은 통합 과정에서 발생할 수 있는 다양한 문제를 미리 예방하고, 통합의 성공 확률을 높인다.

합병이나 인수 후, 두 기업의 문화를 하나로 통합하는 것은 매우 중요한 과제다. 각기 다른 기업 문화를 가진 직원들이 하나의 조직으로 잘 협력하고, 공통된 목표를 향해 나아가기 위해서는 공통된 가치관의 확립이 필수적이다. 기업의 합병을 통해 새로운 조직의 가치와 비전을 명확히 정립하고, 이를 모든 직원에게 적극적으로 전달한다. 공통된 가치관은 직원들이 서로를 이해하고, 서로 다른 배경과 경험을 존중하며, 통합된 조직의 일원으로서의 정체성을 구축하는 데 도움을 준다. 통합된 조직 내에서 소통의 장을 넓히고, 직원들 간의 협력을 촉진하는 다양한 프로그램과 기회를 제공한다. 워크숍, 팀 빌딩 활동, 공동 프로젝트 등을 통해 직원들이 서로를 더 잘 이해하고, 협력하는 방법을 배울 수 있도록 한다. 이는 통합 과정에서 발생할 수 있는 갈등을 최소화하고, 조직의 통합을 가속화하는 데 기여한다.

통합 과정에서는 불가피하게 조직 문화의 변화가 발생한다. 이러한 변화를 잘 관리하기 위해서는 변화 관리 전략을 세우고, 직원들의 의견을 적극적으로 수렴하며, 변화에 대한 교육과 지원을 제공해야 한다. 변화를 성공적으로 관리하는 것은 직원들의 불안감을 줄이고, 새로운 조직 문화에 대한 적응을 돕는 중요한 과정이다.

문화 통합은 합병이나 인수 후 성공적인 조직 통합을 위한 핵심 요소다. 공통된 가치관의 확립, 소통 및 협력의 증진, 그리고 조직 문화 변화의 효과적 관리를 통해, 통합된 조직이 하나의 강력한 조직으로 함께 나아갈 수 있도록 하는 것이 중요하다.

조직 통합은 조직 구조 설계에서 시작한다. 통합 후의 조직 구조를 설계하는 것은 새로운 조직의 기능과 역할을 명확히 하고, 효율적인 운영을 위한 첫 걸음이다. 이 과정에서는 두 기업의 강점을 살리고, 중복되는 부서나 역할을 통합하여 더 강력하고 효율적인 조직 구조를 만든다. 인력 배치 및 평가 시스템 구축도 중요하다. 통합 후, 적절한 인력 배치를 통해 각 직원의 잠재력을 최대한 발휘할 수 있도록 해야 하며, 공정하고 투명한 평가 시스템을 도입하여 직원들의 성과를 정확히 측정하고, 이를 바탕으로 보상과 승진이 이루어져야 한다. 이는 직원들의 동기 부여를 촉진하고, 통합된 조직의 목표 달성에 기여한다. 업무 프로세스 통합 및 개선 역시 필수적이다. 두 기업의 업무 프로세스를 통합하고 개선함으로써, 중복

되는 작업을 줄이고, 업무 효율성을 높인다. 이 과정에서는 최신 기술을 도입하여 업무 처리 속도를 높이고, 오류를 줄이며, 전반적인 조직의 생산성을 향상시키는 것을 목표로 한다.

조직 통합은 통합된 조직의 성공을 위해 반드시 필요한 과정이다. 효율적인 조직 구조 설계, 인력 배치 및 평가 시스템의 구축, 그리고 업무 프로세스의 통합 및 개선을 통해, 통합된 조직이 하나로 원활하게 작동하고, 공통의 목표를 향해 나아갈 수 있도록 하는 것이 중요하다. 이러한 접근 방식은 통합 후 발생할 수 있는 다양한 문제를 해결하고, 조직의 장기적인 성공을 도모하는 데 기여한다.

M&A 이후 더 큰 성공을 위한 전략 마련하기

시너지 효과 창출은 사업 통합에서 시작한다. 두 기업의 사업을 통합함으로써, 각각의 기업이 가지고 있던 강점을 결합하여 새로운 가치를 창출한다. 이 과정에서는 서로 보완적인 기능과 제품을 결합하고, 시장에서의 경쟁력을 강화하여 더 큰 성공을 이룰 수 있는 기회를 만든다.

시장 공략 강화는 필수적이다. 통합 후, 새로운 시장 공략 전략을 수립하고 실행하여, 기존에는 도달하지 못했던 고객층에 접근하거나, 기존 시장에서의 입지를 더욱 확고히 한다. 이를 위해, 통합된 기업의 강점을 활용하여 시장의 변화에 빠르게 대응하고, 고객의 요구를 충족시키는 동시에 새로운 수요를 창출하는 전략을 개발한다.

기술 및 인력 활용도 중요하다. 통합 후에는 두 기업의 기술과 인력을 효율적으로 활용하여 운영의 효율성을 높이고, 제품이나 서비스의 품질을 개선한다.

기술적인 측면에서는 연구개발 역량을 강화하여 혁신을 추진하고, 인력 측면에서는 다양한 전문 지식과 경험을 가진 직원들의 협력을 통해 새로운 아이디어와 해결책을 찾는다. 시너지 효과 창출은 사업 통합, 시장 공략 강화, 기술 및 인력 활용을 통해 이루어진다. 이러한 접근 방식은 통합된 기업이 시장에서 더 큰 성공을 거두고, 경쟁 우위를 확보하는 데 기여한다. 또한, 효율적인 자원 활용을 통해 기업의 장기적인 성장과 발전을 도모하는 것이다.

재무 관리는 재무 계획 수립에서 시작한다. 통합 후에는 새로운 조직의 재무 상태를 정확히 파악하고, 재무 목표를 설정하여 이를 달성하기 위한 구체적인 계획을 수립하고 실행한다. 이 과정에서는 수익성, 현금 흐름, 자본 구조 등 다양한 재무 지표를 고려하여 재무 건전성을 유지하고, 지속 가능한 성장을 위한 기반을 마련한다. 비용 절감은 통합 과정에서 중요한 과제다. 통합을 통해 중복되는 부서나 업무를 통합하고, 운영 효율성을 높여 비용을 절감한다. 또한, 구매력 증대를 통해 원가 절감을 추구하고, 프로세스를 최적화하여 비효율을 제거함으로써 전체적인 비용을 절감하는 노력이 필요하다.

투자 수익률 관리는 재무 관리의 핵심 요소다. 통합 후에는 투자 대비 수익률을 철저히 관리하고, 투자 결정의 효율성을 높여 목표 달성을 위한 재무 전략을 실행한다. 이를 위해, 투자 기회를 신중히 평가하고, 재무 리스크를 관리하며, 장기적인 관점에서 기업 가치를 극대화할 수 있는 투자 결정을 내린다.

재무 관리는 재무 계획 수립, 비용 절감 노력, 투자 수익률 관리를 통해 이루어진다. 이러한 접근 방식은 통합된 조직의 재무 건전성을 확보하고, 효율성을 높이며, 장기적인 성장과 발전을 지원하는 데 중요하다. 효과적인 재무 관리를 통해 기업은 시장에서의 경쟁 우위를 유지하고, 지속 가능한 성공을 달성할 수 있다

지속적인 성장은 혁신 문화 조성에서 출발한다. 통합 후에는 조직 내에서 혁신을 장려하는 문화를 조성하고, 새로운 아이디어와 사업 기회를 적극적으로 발굴한다. 이는 직원들이 창의적인 사고를 자유롭게 표현하고, 실험적인 프로젝트를 시도할 수 있는 환경을 만들어줌으로써, 기업의 성장과 발전에 필수적인 새로운 가치를 창출한다.

경쟁력 강화는 필수적이다. 통합 후에는 시장 변화에 능동적으로 대응하고, 경쟁사 대비 우위를 확보할 수 있는 전략을 수립하고 실행한다. 이 과정에서는 기업의 핵심 역량을 강화하고, 고객의 니즈를 충족시키는 동시에, 기술적 진보를 통해 제품이나 서비스의 차별화를 추구한다. 또한, 효율적인 마케팅 전략과 브랜드 가치 향상에도 주력한다.

지속적인 성장을 위한 노력은 장기적인 관점에서 이루어진다. 기업은 단기적인 성과에만 집중하는 것이 아니라, 지속 가능한 성장을 위해 장기적인 목표와 전략을 설정한다. 이를 위해, 시장의 변화와 산업 동향을 지속적으로 분석하고, 이에 대응하는 유연한 사업 전략을 마련한다. 또한, 지속 가능한 성장을 위해서는 사회적 책임과 환경 보호에 대한 노력도 중요하다.

지속적인 성장은 혁신 문화 조성, 경쟁력 강화, 장기적인 관점에

서의 노력을 통해 달성된다. 이러한 접근 방식은 기업이 끊임없이 변화하는 시장 환경 속에서도 성장을 지속할 수 있는 토대를 마련하고, 장기적인 성공을 위한 경쟁 우위를 확보하는 데 기여한다.

협상에서 승리하는 방법

3

기업 M&A의 준비된 협상가가 되기

기업의 M&A 협상 전략 수립은 성공적인 인수합병을 위한 핵심적인 과정이다. 협상 상황에 맞는 전략을 선택하는 것부터 시작한다. 예를 들어, 상호 이익을 추구하는 관계를 원한다면 협력적 협상을, 강한 협상력을 바탕으로 우위를 점하고자 한다면 경쟁적 협상을 고려할 수 있다. 협상 과정에서는 여러 변수가 작용할 수 있으므로, 발생 가능한 다양한 상황에 대비한 대안을 마련하는 것이 중요하다. 이는 예상치 못한 문제에 신속하고 유연하게 대응할 수 있는 기반을 마련해 준다. 또한, 상대방의 제안에 대해 단순히 수락하거나 거절하기보다는, 상황에 맞는 역제안을 준비하는 것이 중요하다. 역제안은 협상 과정에서 주도권을 유지하고, 더 나은 조건을 도출할 수 있는 기회를 제공한다. M&A 협상 전략을 수립할 때는 협상 상황에 맞는 전략의 선택, 다양한 상황에 대비한 대안 마련, 그리고 상대방의 제안에 대한 역제안 준비가 중요하다. 이러한 접근 방식은 기업이 M&A 협상에서 유리한 위치를 차지하고, 원하는 결과를 얻을 수 있도록 도와준다.

시뮬레이션을 통해 실제와 유사한 상황을 연출하여 연습하는 것은 협상 기술을 향상시키는 데 큰 도움이 된다. 이를 통해 협상자는 다양한 상황과 문제에 대처하는 방법을 배울 수 있다. 롤 플레잉은 상대방 기업의 역할을 맡은 사람과의 협상 연습을 통해 상대방의 입장을 이해하고, 다양한 협상 전략과 기술을 시험해 볼 수 있는 기회를 제공한다. 이 과정에서 협상자는 상대방의 반응을 예측하고, 적절한 대응 전략을 개발하는 능력을 키울 수 있다. 또한, 기업 M&A 협상과 관련된 교육에 참여하는 것도 중요하다. 전문가들로부터 협상 기술과 전략을 배우고, 최신 협상 트렌드와 사례를 공부함으로써 협상 능력을 한 단계 끌어올릴 수 있다.

이러한 교육은 협상자가 자신의 협상 스타일을 개발하고, 보다 효과적인 협상을 위한 지식과 기술을 습득하는 데 도움을 준다. 기업 M&A 협상 기술 연습에는 협상 시뮬레이션, 롤 플레잉, 그리고 관련 교육 참여가 포함된다. 이러한 연습과 교육은 협상자가 협상 과정에서 필요한 다양한 기술과 전략을 익히고, 실제 협상 상황에서의 성공 가능성을 높이는 데 중요한 역할을 한다.

공정한 협상을 통해 장기적 파트너십 구축하기

기업 M&A 과정에서 상호 존중과 신뢰 구축은 성공적인 합병과 인수의 핵심 요소이다. 상대방의 입장을 이해하고 존중하는 태도를 유지하는 것은 협상의 기본이며, 이는 긍정적인 관계를 형성하는 데 중요한 역할을 한다. 상대방의 요구와 기대를 경청하고, 그들의 관점에서 문제를 바라보려는 노력은 협상 과정에서 서로간의 이해와 존중을 높인다. 솔직하고 투명한 의사소통은 신뢰를 구축하는 데 필수적이다. 모든 정보와 의사결정 과정을 투명하게 공유함으로써, 양측은 서로에 대한 신뢰를 강화할 수 있다. 이는 오해를 줄이고, 협상 과정에서 발생할 수 있는 잠재적인 갈등을 예방하는 데 도움이 된다. 신뢰 구축 노력은 약속 이행과 책임감 있는 태도에서 시작된다. 합의된 사항들을 성실하게 이행하고, 협상 과정에서 발생할 수 있는 문제에 대해 책임을 지는 것은 상호 신뢰를 깊게 하며 장기적인 관계를 구축하는 기반을 마련한다. 상대방의 입장을 존중하고, 솔직하고 투명한 의사소통을 통해 신뢰를 구축하는 노력이 중요하다. 이러한 접근 방식은 협상의 성공을 넘어, 통합 과정에서의 원활한 전환과 장기적인 협력 관계 형성에 기여한다.

협상 조건이 양측 모두에게 이익이 되어야만 지속 가능한 관계를 구축할 수 있다. 이는 협상 과정에서 각 당사자가 서로의 요구와 한계를 명확히 이해하고 이에 기반하여 협상을 진행해야 함을 의미한다. 창의적인 솔루션 모색은 양측 모두 만족할 수 있는 결과를 도출하는 데 중요하다. 때로는 전통적인 해결책이 양측의 요구를 충족시키지 못하는 상황이 발생할 수 있다. 이럴 때 창의적이고 유연한 접근 방식을 통해 새로운 해결책을 찾아내는 것이 필요하다.

장기적 관점을 유지하는 것도 핵심적이다. M&A는 단순히 단기적인 이익을 추구하는 행위가 아니라, 장기적인 파트너십 구축을 목표로 한다. 이를 위해 협상 과정에서는 장기적인 관계와 상호 이익을 고려하여 결정을 내리는 것이 중요하다. 장기적인 관점을 가지고 접근할 때, 기업들은 보다 지속 가능하고 성공적인 합병과 인수를 이룰 수 있다. Win-Win 협상을 추구하기 위해서는 공정한 협상 조건 설정, 창의적인 솔루션 모색, 그리고 장기적 관점 유지가 필요하다. 이러한 접근 방식은 양측 모두에게 이익이 되는 결과를 만들어내며, 지속 가능한 성공적인 합병과 인수를 가능하게 한다.

기업 M&A에서 협상 결과를 명확하게 문서화하는 것은 이 과정에서 첫 번째로 중요한 단계이다. 문서화는 모든 합의 사항을 기록함으로써 오해의 여지를 줄이고, 미래에 발생할 수 있는 분쟁을 예방하는 역할을 한다. 이는 협상 과정에서 도달한 모든 결정과 약속을 구체적이고 명확하게 정리하는 것을 포함한다. 합의된 내용의 철저한 이행 관리는 다음으로 중요한 단계다.

합의 이행은 단순히 합의에 도달하는 것뿐만 아니라, 그 합의가 실제로 실행되고 있는지를 확인하는 과정이다. 이를 위해 이행 절차를 명확하게 설정하고, 이행 상태를 주기적으로 검토하는 것이 필요하다. 이행 과정에서 발생할 수 있는 문제를 신속하게 해결하기 위한 조치도 마련되어야 한다.

마지막으로, 협상 이후에도 지속적인 소통 및 관계 유지는 M&A의 성공을 위해 필수적이다. M&A 과정은 단순한 거래를 넘어 장기적인 관계 구축 과정이다. 따라서 협상이 끝난 후에도 양측이 지속적으로 소통하며 관계를 유지하는 것은 중요하다. 이는 향후 발생할 수 있는 문제를 미리 파악하고 해결하는 데 도움을 줄 뿐만 아니라, 상호 이익을 위한 새로운 기회를 모색하는 기반이 된다. 명확한 합의 도출을 위해서는 협상 결과의 문서화, 합의 이행 관리, 그리고 지속적인 소통 및 관계 유지가 필요하다. 이러한 접근 방식은 M&A 과정의 성공을 보장하고, 장기적으로 양측에 이익이 되는 결과를 만들어낸다.

리스크 관리하며 협상의 승부수 띄우기

기업 M&A에서 상대방과의 정보 불균형은 잘못된 결정을 내리게 할 수 있으며, 이는 협상 결과에 부정적인 영향을 미칠 수 있다. 정보의 투명성을 확보하고, 가능한 한 많은 정보를 수집하며, 신뢰할 수 있는 정보원을 활용하는 것이 중요하다. 시장 상황의 변화 또한 중요한 리스크 요소이다. 시장 환경은 빠르게 변할 수 있으며, 이러한 변화는 M&A의 가치와 전략에 직접적인 영향을 미칠 수 있다. 시장 동향을 지속적으로 모니터링하고, 유연한 전략을 수립하여 시장 변화에 대응하는 것이 필요하다.

상대방의 전략 변화 역시 리스크를 초래할 수 있다. 상대방이 협상 과정에서 전략을 변경할 경우, 이는 기존의 협상 계획과 전략에 영향을 미칠 수 있다. 상대방의 의도와 전략을 정확히 파악하고,

가능한 모든 시나리오를 고려하여 대응 전략을 마련하는 것이 중요하다. 협상 과정에서는 정보 비대칭, 시장 상황의 변화, 그리고 상대방의 전략 변화와 같은 리스크를 정확히 파악하고 대비하는 것이 중요하다. 이러한 리스크를 관리함으로써 M&A 과정의 불확실성을 줄이고, 성공적인 합병과 인수를 달성할 수 있다.

이 과정에서 협상 전문가, 법률 전문가 등의 전문가 자문을 활용하는 것이 첫 번째 단계이다. 전문가들은 복잡한 협상 과정에서 발생할 수 있는 다양한 문제들을 예측하고, 이를 해결하기 위한 전략을 제공한다. 또한, 법적 문제의 가능성을 줄이고, 협상 과정을 원활하게 진행하는 데 큰 도움이 된다.

협상 과정에서 발생할 수 있는 리스크에 대한 대안 마련은 두 번째 중요한 전략이다. 모든 협상 과정은 불확실성을 내포하고 있으며, 예상치 못한 문제가 발생할 수 있다. 이러한 상황에 대비하여 여러 가지 대안을 미리 준비해 두는 것은 리스크를 최소화하는 데 기여한다. 대안을 마련함으로써, 협상이 예상과 다른 방향으로 진행될 경우에도 신속하고 효과적으로 대응할 수 있다. 협상 상황에 따라 유연하게 대응하는 것도 중요하다. 협상 과정은 다양한 변수에 영향을 받으며, 때로는 예측하지 못한 변화에 직면할 수 있다.

이러한 상황에서 유연한 대응 능력은 협상의 유리한 결과를 얻을 수 있는 핵심적인 요소이다. 상황의 변화를 빠르게 파악하고, 적절하게 전략을 수정할 수 있는 능력은 협상의 성공을 크게 높인다. 리스크 관리 전략은 전문가 자문의 활용, 대안 마련, 그리고 협상 상황에 대한 유연한 대응을 포함한다. 이러한 전략들은 리스크를 관리하고, 협상 과정을 성공적으로 이끌어가는 데 필수적이다.

협상 후에는 기업 M&A 협상 과정에서 세운 목표들이 얼마나 잘 달성되었는지, 그 결과가 기업의 장기 전략과 어떻게 연결되는지 분석한다. 이는 협상의 성과를 명확히 하고, 성공적인 요소와 개선이 필요한 부분을 식별하는 데 도움이 된다. 피드백 수렴 및 개선 과정도 중요하다. 협상 과정 및 결과에 대한 내부 및 외부의 피드백을 수집하고 분석한다.

이 피드백은 협상 접근 방식, 조직의 협상 능력, 협상 전략 등 다양한 측면에서 중요한 인사이트를 제공한다. 수집된 피드백은 협상 과정을 개선하고, 미래의 협상에서 더 나은 결과를 얻기 위한 전략을 수정하는 데 사용된다. 향후 협상을 위한 준비는 이전 협상의 경험과 교훈을 활용하는 것이다. 협상 과정에서 얻은 교훈은 다음 협상에 대비하는 데 중요한 자산이 된다. 이를 통해 협상 팀은 더 효과적인 전략을 수립하고, 가능한 리스크를 더 잘 관리하며, 협상의 성공 확률을 높일 수 있다. 협상 결과 평가는 목표 달성 여부 평가, 피드백 수렴 및 개선, 그리고 향후 협상을 위한 준비의 세 가지 핵심 요소를 포함한다. 이 과정을 통해 기업은 협상의 성과를 극대화하고, 미래의 협상에서 더 나은 성과를 달성할 수 있도록 준비할 수 있다.

리스크를 관리하며 통합하기

4

사업 확장과 M&A의 리스크 사전에 파악하기

재무적 리스크로는 인수 대금의 조달 방법, 사업 통합 과정에서 발생하는 비용, 그리고 예상 수익의 달성 실패가 있다. 이러한 리스크를 관리하기 위해서는 철저한 재무 분석과 함께, 사업 통합 계획을 신중하게 수립하고, 예상치 못한 비용에 대비한 충분한 재정적 여유를 확보해야 한다.

법률적 리스크는 계약 위반, 규제 준수 문제, 소송 등을 포함한다. 이를 관리하기 위해, M&A 전반에 걸쳐 법률 전문가의 조언을 구하고, 관련 법률과 규제를 면밀히 검토해야 한다. 또한, 계약서 작성 시 모든 가능성을 고려하여 법적 보호 조치를 마련하는 것이 중요하다.

운영적 리스크는 조직 통합의 어려움, 조직 문화 간의 충돌, 시스템 연동 문제 등을 포함한다.

이러한 리스크를 최소화하기 위해서는 통합 계획을 세우고, 직원들 사이의 소통을 강화하며, 조직 문화를 조화롭게 통합할 수 있는 방안을 마련해야 한다. 또한, IT 시스템의 호환성을 미리 검토하고, 필요한 경우 시스템 통합이나 업그레이드를 계획하는 것이 중요하다. 리스크 관리는 재무적, 법률적, 운영적 리스크를 체계적으로 파악하고 이에 대한 대비책을 마련함으로써 이루어진다. 리스크 관리 과정은 M&A의 성공을 위해 필수적이며, 이 과정을 통해 기업은 리스크를 최소화하고 M&A의 가치를 극대화할 수 있다.

사업 M&A 과정에서 실시하는 DD(Due Diligence, 실사)는 인수 대상 매장에 대한 철저한 조사 및 분석 과정이다. 이 과정은 매장의 재무 상태, 법률적 문제점, 사업 현황 및 전망, 그리고 조직 문화와 가치관을 종합적으로 검토한다.

재무 DD는 타깃 매장의 재무 상태와 실적을 분석한다. 이는 회계 장부, 재무제표, 세금 납부 내역 등을 검토하여 매장의 재무 건전성과 수익성을 평가하는 과정이다. 재무 DD를 통해 인수 후 예상되는 재무적 리스크를 사전에 파악하고 대비할 수 있다.

법률 DD는 타깃 매장이 직면하고 있는 법률적 문제점을 분석한다. 계약서, 소송 기록, 지적 재산권 등록 상태 등을 검토하여 법률적 위험을 식별하고, 이에 대한 대응 전략을 수립한다. 법률 DD는 M&A 과정에서 발생할 수 있는 법률적 리스크를 최소화하는 데 중요한 역할을 한다.

사업 DD는 타깃 매장의 사업 현황 및 전망을 분석한다. 시장 위치, 경쟁 상황, 성장 잠재력 등을 검토하여 매장의 사업적 가치와 통합 후의 시너지 효과를 평가한다. 사업 DD를 통해 인수 대상 매장의 사업 모델과 전략적 가치를 명확히 이해할 수 있다.

문화 DD는 타깃 매장의 조직 문화와 가치관을 분석한다. 직원 만족도, 리더십 스타일, 기업 문화의 특성 등을 검토하여 조직 간의 문화적 호환성을 평가한다. 문화 DD는 성공적인 조직 통합을 위해 조직 문화의 차이를 이해하고, 이를 조화롭게 통합하는 전략을 수립하는 데 기여한다.

재무, 법률, 사업, 문화 DD는 사업 M&A 과정에서 필수적인 단계로, 인수 대상 매장에 대한 종합적인 이해를 바탕으로 성공적인 M&A를 위한 기반을 마련한다. 철저한 DD 과정을 통해 리스크를 최소화하고, 인수 후의 성공적인 통합을 도모할 수 있다.

사업 M&A를 진행할 때, 성공적인 통합을 위한 계획 수립은 매우 중요하다. 통합 계획을 수립함에 있어서 비전 및 목표 설정, 통합 프로세스의 설계, 그리고 통합 조직의 구성이 핵심 요소이다. 통합을 통한 비전 및 목표 설정은 M&A 이후의 기업 모습을 구체적으로 그리는 것이다. 이는 인수한 사업이 기존 사업과 어떻게 조화를 이루며, 어떤 새로운 가치를 창출할지에 대한 방향성을 제시한다.

통합 프로세스 설계는 통합을 실행하기 위한 구체적인 과정과 일정을 계획하는 것이다. 이 과정에서는 인수 대상 사업의 특성을 고려하여 통합에 필요한 단계들을 정리하고, 각 단계별로 소요되는 시간과 자원을 예측한다. 통합 팀 구성은 통합 과정을 책임지고 관리할 조직을 만드는 것이다. 이 조직은 다양한 부서의 전문가들로 구성되어야 하며, 통합 과정에서 발생할 수 있는 다양한 문제들을 해결하기 위해 긴밀하게 협력해야 한다. 통합 비전 및 목표의 설정, 통합 프로세스의 설계, 그리고 통합 조직의 구성은 사업 M&A 후 성공적인 통합을 위한 필수적인 단계이다. 체계적인 계획과 실행을 통해 M&A의 성공 확률을 높일 수 있다.

조직 문화와 시스템의 효과적인 통합 계획하기

사업 M&A를 진행할 때, 조직 문화의 통합은 그 성공 여부를 결정짓는 중요한 요소이다. 조직 문화 통합을 위해 두 사업의 공통된 가치관을 확립하고, 직원 간의 소통 및 협력을 증진시키며, 조직 문화의 변화를 관리하는 것이 필요하다.

공통된 가치관 확립은 두 사업이 함께 나아갈 방향을 제시한다. 이 과정에서는 두 사업이 공유하는 핵심 가치들을 명확히 하고, 이를 기반으로 새로운 조직 문화를 구축한다. 공통된 가치관은 직원들이 서로를 이해하고 공감할 수 있는 기반이 되며, 함께 일하는 목적과 방향성을 제공한다.

소통 및 협력 증진은 조직 구성원들이 서로를 더 잘 이해하고, 효과적으로 협력할 수 있도록 돕는다. 이를 위해 정기적인 회의, 워크숍, 팀 빌딩 활동 등을 통해 직원들이 서로의 작업 방식과 문화를 이해할 수 있는 기회를 마련한다.

직원들 간의 긴밀한 소통과 협력은 통합 과정에서 발생할 수 있는 문제들을 해결하고, 통합된 조직의 성공을 위한 중요한 기반이 된다.

조직 문화 변화 관리는 통합 과정에서 불가피하게 발생하는 조직 문화의 변화를 효과적으로 관리하는 것이다. 이 과정에서는 변화에 대한 직원들의 우려와 저항을 이해하고, 이를 해소하기 위한 노력이 필요하다. 변화를 관리하기 위해 직원들에게 변화의 필요성과 이점을 명확히 설명하고, 변화 과정에서의 참여와 의견을 적극적으로 수렴한다. 사업 M&A에서 조직 문화의 통합은 공통된 가치관의 확립, 소통 및 협력의 증진, 그리고 조직 문화 변화의 효과적 관리를 통해 이루어진다. 이러한 과정을 통해 두 사업은 하나의 통합된 조직으로 성공적으로 나아갈 수 있다.

사업 M&A의 성공은 단순히 두 사업을 합치는 것을 넘어서, 그들의 시스템과 프로세스를 효율적으로 통합하는 데에도 달려있다. 사업 시스템 통합에서 중요한 부분은 IT 시스템의 통합 및 표준화, 업무 프로세스의 통합 및 개선, 그리고 데이터의 통합 및 관리이다.

IT 시스템 통합은 두 사업의 정보 기술 시스템을 하나로 합치고 표준화하는 과정이다. 이는 통합된 조직 내에서 정보의 흐름을 원활하게 하고, 시스템 운영의 효율성을 높이는 데 목적이 있다. 통합된 IT 시스템은 직원들이 필요한 정보를 더 빠르고 쉽게 접근할 수 있게 해주며, 이는 전반적인 업무 효율성을 증가시킨다.

업무 프로세스 통합은 두 사업의 업무 방식을 하나로 합쳐 공통의 최적화된 업무 프로세스를 만드는 것이다. 이 과정에서는 불필요한 중복 작업을 제거하고, 업무 흐름을 개선하여 효율성을 높인다. 업무 프로세스가 통합되고 개선됨으로써, 직원들은 자신의 업무에 더 집중할 수 있고, 조직 전체의 생산성이 향상된다.

데이터 통합은 두 사업의 데이터 자원을 하나로 모으고, 효과적으로 관리하는 과정이다. 이를 통해 데이터의 일관성과 정확성이 보장되며, 의사 결정 과정에서 필요한 정보를 쉽게 얻을 수 있다. 데이터 통합은 통합된 조직이 보다 정확한 데이터에 기반하여 전략적 결정을 내리는 데 도움을 준다. 이렇게 IT 시스템의 통합 및 표준화, 업무 프로세스의 통합 및 개선, 그리고 데이터의 통합 및 관리는 사업 M&A 이후의 시스템 통합에서 필수적인 요소이다. 이를 통해 통합된 조직은 더 높은 업무 효율성과 생산성, 그리고 더 강력한 의사 결정 능력을 갖출 수 있다.

사업 M&A 이후의 성공은 직원들이 변화에 잘 적응하고, 통합된 조직의 목표와 방향성을 이해하는 데 크게 달려 있다. 이를 위해, 사업 통합 관련 교육, 사업 간 문화 교육, 그리고 사업에 대한 업무 교육이 필수적이다.

사업 통합 관련 교육은 두 기업의 직원들에게 통합 과정, 목표, 그리고 통합 이후의 조직 구조에 대해 알리는 것이다. 이 교육을 통해 직원들은 통합의 목적과 그들의 역할이 무엇인지 이해할 수 있다. 이는 직원들이 변화를 수용하고, 통합 과정에 적극적으로 참여하게 만드는 데 도움을 준다.

사업간 문화 교육은 두 기업의 조직 문화 차이를 인식하고 이해하는 데 초점을 맞춘다. 조직 문화의 차이는 종종 통합 과정에서 충돌의 원인이 되기도 하므로, 이를 미리 이해하고 존중하는 것이 중요하다. 이 교육을 통해 직원들은 서로의 문화적 배경을 이해하고, 서로를 더 잘 받아들일 수 있게 된다.

사업에 대한 업무 교육은 통합된 조직의 새로운 업무 프로세스, 시스템, 그리고 기대되는 업무 표준에 대해 직원들을 교육하는 것이다. 이러한 교육은 직원들이 새로운 업무 환경에 빠르게 적응하고, 효율적으로 업무를 수행할 수 있도록 돕는다. 사업 M&A 이후 교육 및 훈련은 통합 과정을 원활하게 하고, 통합된 조직의 성공적인 운영을 위한 필수 요소이다. 이를 통해 직원들은 변화에 적응하고, 새로운 조직 문화를 수용하며, 업무 효율성을 높일 수 있다.

변화 관리를 통해 직원들과 함께 새로운 변화 수용하기

통합 과정 및 변화에 대해 명확하고 투명하게 소통함으로써, 직원들 사이의 불확실성을 최소화하고 변화에 대한 이해와 수용을 증진시킬 수 있다. 이러한 소통은 불안감과 저항을 줄이는 데도 중요한 역할을 한다. 인수된 기업의 변화에 대한 저항 관리도 중요한 과제다. 변화에 대한 직원들의 불안감 및 저항을 관리하기 위해서는 그들의 우려를 이해하고, 변화가 가져올 긍정적인 측면을 강조해야 한다. 직원들이 변화의 이유와 그들에게 미칠 영향을 명확히 이해할 때, 그들의 저항을 줄이고 변화에 대한 수용성을 높일 수 있다. 또한, M&A에 참여 유도는 직원들이 통합 과정에 적극적으로 참여하도록 격려한다. 이는 직원들의 의견을 수렴하고, 그들이 변화 과정에 기여할 수 있는 기회를 제공함으로써 가능하다. 직원들이 변화 과정에 참여하고 자신의 의견이 반영되는 것을 보게 될 때, 그들은 변화에 대해 더 긍정적인 태도를 가지게 되고, 통합 과정에 더욱 적극적으로 참여하게 된다.

사업 M&A에서의 변화 관리는 투명한 소통, 저항 관리, 참여 유도를 통해 진행된다. 이러한 접근 방식은 직원들 사이의 불안감을 줄이고, 변화에 대한 긍정적인 태도를 촉진함으로써, 성공적인 기업 통합을 위한 기반이 된다.

사업 M&A 과정에서 리더십은 매우 중요한 역할을 한다. 리더는 통합 과정을 이끄는 주체로서, 변화를 관리하고 조직을 새로운 미래로 안내하는 역할을 수행한다. 이 과정에서 리더는 통합 후의 명확한 비전을 제시하고, 직원들의 동기를 부여하며 격려하는 것이 필수적이다. 통합 과정을 이끄는 리더 역할 수행은 사업 M&A의 성공을 위한 첫걸음이다. 리더는 통합의 방향성을 설정하고, 다양한 이해관계자들 사이에서 조정하는 역할을 한다. 이를 통해 통합 과정이 원활하게 진행될 수 있도록 한다. 사업 M&A의 변화에 대한 비전 제시는 직원들이 변화의 이유와 방향을 이해할 수 있게 해준다. 명확한 비전은 직원들이 불확실성을 극복하고, 통합 과정에 적극적으로 참여하게 만드는 동기를 부여한다. 또한, 이 비전은 조직이 나아가야 할 방향을 제시하며, 직원들이 통합된 조직의 일원으로서 자신의 역할을 이해하는 데 도움을 준다. 직원들의 동기 부여 및 격려는 변화 과정에서 직원들이 겪을 수 있는 불안과 저항을 줄이는 데 중요하다. 리더는 직원들에게 변화가 가져올 긍정적인 결과에 대해 소통하고, 그들의 의견을 존중하며, 필요한 지원을 제공함으로써 직원들의 참여를 유도한다. 이는 통합 과정에서 발생할 수 있는 문제를 미리 예방하고, 직원들이 변화를 더 빠르게 수용하도록 만든다. 사업 M&A에서의 리더십은 통합 과정을 성공적으로 이끄는 데 핵심적인 요소이다. 리더는 통합의 방향성을 제시하고, 직원들의 동기를 부여하며, 조직을 새로운 미래로 안내하는 중요한 역할을 한다. 이를 통해 사업 M&A는 원활하게 진행되고, 통합된 조직은 더 강력하고 활력 있는 미래를 맞이할 준비를 한다.

사업 M&A 과정에서 직원들의 적응과 성장을 지원하는 것은 매우 중요하다. 이 과정에서 직원들이 겪을 수 있는 불안과 혼란을 최소화하고, 변화에 긍정적으로 대응할 수 있도록 도와주어야 한다. 이를 위해 교육과 훈련 프로그램을 제공하는 것이 필수적이다. 이러한 프로그램은 직원들이 새로운 업무 환경에 빠르게 적응할 수 있도록 돕고, M&A로 인한 변화가 가져올 새로운 기회에 대해 긍정적인 태도를 가질 수 있도록 한다. 또한, 상담 서비스를 제공하는 것도 중요하다. M&A는 직원들에게 개인적인 불안감을 주는 큰 변화이므로, 이에 대처하기 위한 전문적인 지원이 필요하다. 상담 서비스를 통해 직원들은 자신의 걱정과 불안을 표현할 수 있는 안전한 공간을 가지며, 전문가의 도움으로 이러한 감정을 관리하는 방법을 배울 수 있다.

변화 관리 전문가의 컨설팅 활용은 사업 M&A 과정에서의 성공적인 변화 관리를 위한 핵심 요소이다. 변화 관리 전문가는 조직 내에서 일어나는 변화를 효과적으로 관리하고, 직원들의 변화에 대한 저항을 최소화하는 전략을 제공한다. 이러한 전문가의 지원을 받음으로써, 조직은 직원들이 변화를 수용하고 적응하는 과정을 보다 원활하게 만들 수 있다. 이와 같이, 직원들에게 필요한 지원을 제공하고 변화 관리 전문가의 컨설팅을 활용하는 것은 사업 M&A 과정에서 조직과 직원들이 겪게 될 변화를 성공적으로 관리하는 데 필수적인 요소이다. 이를 통해 직원들은 변화의 과정에서 성장할 수 있는 기회를 가지며, 조직은 변화를 통해 새롭게 도약할 수 있는 토대를 마련할 수 있다.

법적 안전망 구축하기

5

M&A와 투자 과정의 법적 요구사항 숙지하기

M&A 과정을 효과적으로 진행하기 위해서는 먼저 M&A 분야에서 경험이 풍부한 변호사를 선임하는 것이 필수적이다. 이러한 변호사는 M&A 과정의 복잡한 법률적 측면을 이해하고, 관련된 리스크를 평가할 수 있는 능력을 갖추고 있다. 투자 유치 과정은 다양한 법률적 문제를 수반할 수 있으며, 이를 적절히 처리하기 위해 해당 분야에서 경험이 많은 변호사의 조언이 필요하다. 계약서의 법적 검토 및 작성 과정에서 전문 변호사의 도움을 받는 것은 필수적이다. 이를 통해 계약서가 모든 법적 요구 사항을 충족하고, 양측의 이익을 적절히 보호할 수 있는지 확인할 수 있다.

인수합병, 합작투자, 자산 매매 등 다양한 형태의 M&A 계약이 있으며 각각의 계약 유형에 따라 특정한 법적 요구사항이 적용된다. 예를 들어, 인수합병 계약은 해당 업계와 관련된 법률, 규제 준수, 그리고 양측이 합의한 조건의 법적 효력을 명확하게 해야 한다. 투자 계약에는 엔젤 투자, 크라우드 펀딩 등 다양한 방식이 있으며, 각 방식에 따라 다른 법적 요구사항이 존재한다. 예를 들어, 엔젤 투자 계약은 투자자와 기업 간의 권리와 의무, 투자 조건, 지분율 변동 등을 명확히 규정해야 한다. 이는 해당 국가의 법률은 물론, 업계 특성에 따른 규제, 국제 법률 및 규제에 이르기까지 다양한 법적 요구사항을 포함한다. 규제 준수는 복잡할 수 있으나, 이를 무시할 경우 벌금, 계약 무효, 심지어는 법적 소송 등의 심각한 결과를 초래할 수 있다.

M&A와 투자 과정에서 법적 요구사항의 이해와 준수는 매우 중요하다. 각 계약 유형의 특징을 정확히 이해하고, 이에 따른 법적 요구사항을 충족시키며, 모든 과정에서 법적 규제를 준수하는 것은 성공적인 M&A 및 투자 과정을 위한 필수적인 조건이다. 이러한 과정을 통해 법적 위험을 최소화하고, 양측의 이익을 보호할 수 있다. 계약서 작성과 검토의 과정을 통해 사업 관계에서 발생할 수 있는 여러 위험을 줄이고, 양 당사자의 권리와 의무를 명확히 할 수 있다. 먼저, 계약서의 모든 조항을 꼼꼼하게 검토하고 이해하는 것이 필수적이다. 계약서에 명시된 내용 하나하나가 양 당사자 간의 합의 사항을 반영하며, 이를 정확히 이해하고 동의하는 것이 중요하다.

그 다음으로, 계약서 내에 모호하거나 불리하게 작성된 조항이 있다면 이를 수정하고 명확하게 재작성해야 한다. 이 과정에서 필요하다면 법적 조언을 구하는 것도 좋은 방법이다. 명확하고 공정한 조항은 나중에 발생할 수 있는 분쟁을 예방하는 데 중요한 역할을 한다. 계약서에는 양 당사자가 계약 조항을 위반했을 때 취해질 조치와 책임에 대해 명시해야 한다. 이는 나중에 법적 분쟁이 발생했을 때, 분쟁을 해결하는 데 중요한 기준이 된다.

이처럼 계약서의 꼼꼼한 검토와 명확한 작성은 사업을 운영하는 데 있어서 중대한 의사 결정 중 하나다. 이 과정을 통해 사업 관계에서 발생할 수 있는 불필요한 오해나 분쟁을 줄이고, 안정적인 사업 운영을 도모할 수 있다.

법적 문제 예방을 위한 철저한 준비와 대응

타깃 사업의 법적 문제점 및 리스크 검토는 M&A 과정에서 첫 번째로 진행해야 할 중요한 단계다. 타깃 기업이 과거 또는 현재 직면하고 있는 법적 문제, 가능한 법적 분쟁, 계약상의 의무 불이행 등은 인수 결정에 큰 영향을 미칠 수 있다. 이러한 문제점을 사전에 파악하고 평가하는 것은 M&A의 성공적인 진행을 위해 필수적이다.

투자 유치 대상 기업의 법적 검토도 중요하다. 투자 대상 기업이 법적으로 안정적인지, 어떠한 법적 위험을 가지고 있는지를 분석하는 것은 투자의 리스크를 줄이는 데 중요하다. 특히 지적재산권, 노동법 준수, 환경 관련 규정 준수 등 다양한 법적 측면에서의 검토가 필요하다.

마지막으로, 계약서의 법적 검토는 어떤 M&A나 투자 과정에서도 반드시 필요한 단계다. 계약서에 명시된 조항들이 법적으로 유효한지, 양 당사자의 권리와 의무가 명확하게 규정되어 있는지, 계약 위반 시 적용될 법적 조치가 적절히 포함되어 있는지 등을 검토해야 한다. 이는 나중에 발생할 수 있는 법적 분쟁을 예방하고, 양 당사자의 이익을 보호하는 데 중요하다.

M&A와 투자 과정에서 발생할 수 있는 다양한 법적 문제와 위험을 식별하고, 이들의 잠재적 영향을 평가하는 것이 중요하다. 이러한 리스크에는 계약 위반, 지적재산권 문제, 노동법 위반 등이 포함될 수 있다.

다음으로, 파악된 법적 리스크에 대한 관리 전략을 수립한다. 이는 리스크의 영향을 최소화하고, 발생 가능성을 줄이기 위한 구체적인 계획과 절차를 포함한다. 예를 들어, 리스크를 줄이기 위해 특정 조치를 취하거나, 리스크가 발생했을 때 대응할 수 있는 방안을 마련하는 것이다. 예상치 못한 법적 분쟁이 발생할 경우를 대비하여 보험에 가입하는 것이 좋다. 보험은 만약의 사태에 대비하여 재정적 보호를 제공해 줄 수 있으며, 리스크가 현실화될 경우 발생할 수 있는 손실을 완화하는 데 도움이 된다.

계약서에는 양 당사자의 권리와 의무, 계약 조건, 이행 기준 등이 분명하고 자세하게 기술되어야 한다. 이는 나중에 발생할 수 있는 오해를 줄이고, 각 당사자가 계약의 범위와 내용을 정확히 이해하는 데 도움이 된다. 사전 협의를 통한 문제 해결도 중요하다. 문제가 발생했을 때 즉시 법적 조치를 취하기보다는, 먼저 대화와 협상을 통해 상호 만족할 수 있는 해결책을 찾아보는 것이 바람직하다. 이는 분쟁을 효과적으로 예방하고, 관계를 유지하는 데 도움이 된다. 분쟁이 발생했을 경우를 대비하여 대응 방안을 마련하는 것도 필수적이다. 이는 법적 조치를 준비하는 것을 포함하며, 분쟁 해결을 위한 절차와 필요한 문서, 증거 수집 방법 등을 미리 계획하는 것을 의미한다. 분쟁 발생 시 신속하고 효과적으로 대응할 수 있도록 준비하는 것은 사업의 안정성을 보장하는 데 중요하다.

법률 전문가와의 협력으로 안전한 거래 보장하기

변호사 선임 시 M&A 및 투자와 관련된 법률 경험이 풍부한지 확인해야 한다. 이는 복잡한 법률 문제를 해결하고, 과정을 원활하게 진행하는 데 필수적이다. 해당 업계에 대한 전문 지식을 갖춘 변호사를 선택하는 것도 중요하다. 업계 특성을 이해하는 변호사는 관련 법률 문제에 대해 보다 정확하고 실질적인 조언을 제공할 수 있다. 또한, 소통 능력과 신뢰도를 고려해야 한다. 명확하고 효과적으로 소통할 수 있는 변호사는 고객의 의도를 정확히 파악하고, 이를 법률 서비스에 반영할 수 있다. 신뢰할 수 있는 변호사와의 협력은 법률적 문제를 원활하게 해결하는 데 큰 도움이 된다.

M&A 및 투자 과정에서 법률 자문은 계약 검토부터 협상, 문서 작성에 이르기까지 모든 단계에서 필수적인 역할을 한다. 전문가의 법률 자문을 통해 복잡한 법적 문제를 해결하고, 법적 리스크를 최소화할 수 있다. 또한, 법적 환경은 끊임없이 변화한다. 이에 따라 최신 법적 조건과 규정에 대한 정확한 정보를 제공받는 것이 중요하다. 변화하는 법적 환경에 대한 업데이트를 받음으로써 기업은 불필요한 법적 위험으로부터 자신을 보호할 수 있다. 법적 분쟁은 기업의 운영에 중대한 영향을 미칠 수 있으며, 때로는 기업의 명성

에도 타격을 줄 수 있다. 이러한 상황에서 법률 자문은 분쟁 해결을 위한 전략 수립과 적극적인 대응을 지원한다. 이는 기업이 법적 분쟁을 효과적으로 관리하고, 가능한 한 빨리 정상적인 비즈니스 활동으로 복귀할 수 있도록 돕는다.

전문가 활용은 M&A와 같은 복잡한 거래에서는 법적 리스크를 최소화하고 안전한 거래를 보장하는 데 필수적이다. 전문가의 도움을 받음으로써, 기업은 법적 문제에 대한 전문적인 조언을 얻을 수 있다. 이는 복잡한 법률 문제를 해결하는 데 필요한 전문적인 법률 지식을 활용할 수 있게 해준다. 문제를 스스로 해결하려고 할 때 발생할 수 있는 시간과 비용은 기업에게 큰 부담이 될 수 있다. 하지만 법률 전문가의 도움을 받음으로써, 이러한 문제들을 효과적이고 효율적으로 해결할 수 있다. 전문가는 기업이 법적 문제를 빠르게 해결하고, 이로 인해 발생할 수 있는 추가 비용을 줄이는 데 도움을 준다.

정부 지원 적극 활용하기

6

정부 지원 프로그램을 통한 성장 기회 모색

재무 지원으로는 자금 지원, 융자 보증, 투자 유치 지원 등이 있다. 이러한 지원을 통해 소상공인은 사업 확장이나 기술 개발 등에 필요한 자금을 확보할 수 있으며, 재무적 안정성을 높일 수 있다. 컨설팅 및 교육 지원은 경영 컨설팅, 기술 개발 지원, 인력 교육 지원 등을 포함한다. 이를 통해 소상공인은 경영 전략을 최적화하고, 기술 경쟁력을 강화하며, 직원의 역량을 향상시킬 수 있다. 이러한 지원은 사업의 효율성을 높이고, 장기적인 성장 가능성을 제고하는 데 기여한다. 마케팅 및 홍보 지원은 해외 진출 지원, 브랜드 구축 지원 등을 포함한다. 이를 활용함으로써 소상공인은 국내외 시장에서의 인지도를 높이고, 제품이나 서비스의 매력을 효과적으로 전달할 수 있다. 특히 해외 시장 진출을 모색하는 기업에게 브랜드 구축 지원은 중요한 자산이 될 수 있다.

중소벤처기업부, 산업통상자원부 등 다양한 정부 부처의 홈페이지에서는 각종 지원 프로그램의 상세 정보, 신청 방법, 신청 기간 등을 제공한다. 이러한 정보는 사업주가 정부 지원 프로그램을 이해하고 적절히 활용하는 데 도움이 된다. 지역 중소벤처기업지원센터는 지역별로 운영되며, 방문 및 상담을 통해 정부 지원 프로그램에 대한 정보를 얻을 수 있다. 이 센터에서는 사업 상황에 맞는 맞춤형 상담을 제공하여, 소상공인이 필요로 하는 정보를 좀 더 구체적으로 제공한다. 또한, 지역별로 특화된 지원 프로그램 정보도 제공하기 때문에 지역 사업주에게 유용한 자원이 될 수 있다. 온라인 플랫폼과 포털에서는 정부 지원 프로그램뿐만 아니라, 사업 운영에 필요한 다양한 정보를 제공한다. 이 플랫폼들은 사용자가 쉽게 정보를 검색하고 접근할 수 있도록 설계되어 있으며, 때로는 사용자 간의 의견 교환을 통해 더 심도 있는 정보를 얻을 수도 있다.

신청 서류 준비 및 제출 과정에서는 해당 지원 프로그램 신청 시 요구되는 서류를 준비하고 제출한다. 신청서, 사업 계획서, 재무제표 등 프로그램마다 요구하는 서류가 다를 수 있으므로, 신청 전에 필요한 서류를 정확히 확인하고, 이에 맞춰 준비하는 것이 중요하다. 서류는 사업의 신뢰도와 전문성을 보여주는 중요한 요소이므로, 신중하게 작성하고 검토하는 과정을 거친다. 사전 준비 및 상담은 신청 전에 프로그램 내용 및 절차를 충분히 확인하는 과정이다. 이는 신청 과정에서 발생할 수 있는 오류를 최소화하고, 신청자가 프로그램에 대한 이해를 깊게 할 수 있도록 돕는다. 가능하다면, 해당 프로그램의 담당자나 전문가와의 상담을 통해 궁금증을 해소하고, 신청 절차에 대한 조언을 얻는 것이 좋다.

정책을 활용해 비즈니스 경쟁력 강화하기

사업 M&A를 진행할 때, 사업에 영향을 미치는 모든 정책과 규제를 조사하고 분석한다. 이 과정에서 기업은 자신의 사업이 속한 산업의 법적 환경뿐만 아니라, M&A 활동에 직접적인 영향을 미치는 규제 사항들을 정확히 파악해야 한다. 이를 통해 불필요한 법적 위험을 회피하고, 사업 운영에 관한 명확한 방향을 설정할 수 있다. 세금 감면, 금융 지원 등의 정책은 M&A의 비용 효율성을 높이는 데 기여할 수 있다. 정부가 제공하는 다양한 혜택과 지원 프로그램을 이해하고 활용하는 것은 사업의 재정적 부담을 줄이고, 투자 수익률을 높일 수 있는 방법이다. 정부의 산업 육성 정책과 방향을 이해하는 것은 사업의 성장 전략과 연계하여 M&A를 계획하는 데 도움이 된다. 정부의 지원과 육성 계획을 파악함으로써, 기업은 미래의 성장 가능성이 높은 분야에 투자하고, 장기적인 경쟁력을 확보할 수 있다.

기술 개발, 인력 확보, 해외 진출 등 경쟁력 강화 전략을 수립할 때, 정책 활용은 중요한 자원이 될 수 있다. 예를 들어, 기술 개발을 위한 연구 개발(R&D) 지원금, 인력 양성을 위한 교육 및 훈련 프로그램, 해외 시장 진출을 위한 무역 지원 서비스 등 정부가 제공하는 다양한 프로그램을 활용할 수 있다. 이를 통해 기업은 자원을 효율적으로 사용하며 경쟁력을 강화할 수 있다. 이러한 지원을 활용함으로써 기업은 운영 비용을 줄이고, 재정적 부담을 경감할 수 있다. 예산 운영의 효율성을 높이고, 자금을 보다 중요한 사업 확장이나 개발에 재투자할 수 있는 여력을 확보할 수 있다. 정부의 수출 지원 프로그램, 해외 시장 정보 제공, 국제 박람회 참가 지원 등은 기업이 글로벌 시장에서의 입지를 확립하고 새로운 고객층을 개척하는 데 유용하다.

정책 변화에 대한 지속적인 관심과 정보 수집은 기업이 빠르고 효율적으로 변화하는 환경에 적응할 수 있도록 한다. 정부 발표, 업계 뉴스, 전문가 분석 등 다양한 정보 소스를 통해 최신 정책 동향에 대한 깊은 이해를 구축한다. 이를 통해 예상치 못한 정책 변화로 인한 리스크를 최소화하고, 기회를 식별할 수 있다.

정책 변화에 따른 사업 전략 및 계획의 조정은 필수적이다. 새로운 정책이 도입되었을 때, 기업은 사업 모델, 재무 계획, 운영 전략 등을 신속하게 검토하고 조정해야 한다. 이 과정에서 기업의 유연성과 대응력이 중요하다. 정책 변화에 효과적으로 대응하기 위해 기업은 사전에 다양한 시나리오를 준비하고, 필요한 조치를 빠르게 실행할 수 있는 체계를 마련해야 한다.

또한, 정책 변화에 대한 전문가 자문의 활용은 기업이 보다 정확하고 효과적인 대응 전략을 수립하는 데 도움을 준다. 법률, 세무, 경영 전략 등 다양한 분야의 전문가들은 복잡한 정책 변화를 해석하고, 그 영향을 평가하는 데 필요한 전문 지식을 제공한다. 전문가의 조언을 통해 기업은 정책 변화에 따른 리스크를 관리하고, 전략적 기회를 포착할 수 있다.

정부 및 공공 기관과 협력하여 새로운 기회 창출하기

정부 지원 연구개발 프로젝트 참여는 사업의 기술력을 강화하고 새로운 기술을 개발하는 데 기여한다. 이러한 프로젝트에 참여함으로써, 최신 기술 동향을 파악하고, 연구개발에 필요한 자금 지원을 받을 수 있다. 또한, 이 과정에서 얻은 기술과 지식은 사업의 경쟁력을 높이는 데 중요한 자산이 된다. 공동 연구 및 기술 개발은 정부 및 공공 기관과의 협력을 통해 이루어진다. 이는 단독으로 연구개발을 수행하는 것보다 비용과 시간을 절약할 수 있으며, 상대방의 전문 지식과 경험을 활용할 수 있는 장점이 있다.

공동 연구를 통해 개발된 기술은 사업의 제품이나 서비스를 혁신적으로 개선하는 데 사용될 수 있다. 해외 진출 지원 사업 참여는 사업의 글로벌 시장 진출을 위한 중요한 단계이다. 정부의 해외 진출 지원 사업은 시장 조사, 마케팅, 현지 네트워크 구축 등 다양한 지원을 제공한다. 이러한 지원을 통해 사업은 해외 시장에 대한 이해를 높이고, 진출 장벽을 낮출 수 있다. 또한, 해외 시장에서의 경험은 사업의 글로벌 경쟁력을 강화하는 데 기여한다.

공동 프로젝트 기획 및 추진은 서로 다른 기업이나 기관이 공통의 목표를 가지고 협업하는 것이다. 이 과정에서 참여자들은 자신들의 강점과 자원을 결합하여 프로젝트의 성공 가능성을 높인다. 공동 프로젝트는 새로운 시장 개척, 기술 개발, 제품 혁신 등 다양한 목표를 달성할 수 있게 해준다. 기술 및 정보 공유는 협력 기업이나 기관 간에 중요한 지식, 데이터, 기술 등을 서로 공유하는 것을 말한다. 이러한 공유는 새로운 아이디어 생성, 제품 개발 속도 향상, 연구 및 개발 비용 절감 등에 기여한다. 특히, 기술 공유는 참여자들이 서로의 기술적 강점을 이해하고 이를 통합하여 더 높은 수준의 혁신을 이룰 수 있도록 한다.

인력 교류 및 협력은 기업이나 기관 간에 전문가나 직원들을 상호 교환하여 서로의 경험, 지식, 기술을 공유하는 과정이다. 인력 교류는 참여 기업이나 기관에 새로운 시각과 접근 방식을 가져다주며, 직원들에게는 다양한 업무 환경에서 경험을 쌓고 전문성을 키울 수 있는 기회를 제공한다.

새로운 기술 및 시장 접근의 기회를 확대한다. 정부 및 공공 기관과 협력함으로써, 기존에 접근하기 어려웠던 기술, 시장, 네트워크를 활용할 수 있다. 이는 소상공인들이 새로운 분야로 사업을 확장하거나 기술 혁신을 추구하는 데 큰 도움이 된다.

비용 절감 및 효율성 증대도 중요한 장점이다. 공동 연구나 기술 개발 프로젝트를 통해, 연구개발 비용을 분담하거나 고가의 기술을 공유함으로써 전체적인 비용을 절감할 수 있다. 또한, 협력을 통해 얻은 새로운 기술이나 아이디어는 사업 운영의 효율성을 크게 향상시킬 수 있다.

경쟁력 강화는 협력의 또 다른 중요한 결과이다. 정부 및 공공 기관과의 협력은 소상공인들이 경쟁사에 비해 우위를 점할 수 있는 기회를 제공한다. 이러한 협력을 통해 얻은 지식, 기술, 네트워크는 사업을 더욱 강력하게 해, 시장에서의 경쟁력을 높이는 데 기여한다.

이러한 장점들은 소상공인들이 사업 M&A 협력을 고려할 때 중요한 고려 사항이 되어야 한다. 새로운 기술 및 시장 접근, 비용 절감 및 효율성 증대, 경쟁력 강화는 사업 성장과 성공을 위한 핵심 요소들이다. 따라서, 정부 및 공공 기관과의 협력은 소상공인들에게 매우 유익한 전략이 될 수 있다.

실전 사례로 배우는 성공의 비결

7

실제 성공 사례로부터 교훈과 영감 얻기

비슷한 업종 또는 규모의 성공 기업 사례를 분석하면, 그들이 어떻게 시장에서 성공을 거두었는지 이해할 수 있다. 이는 자신의 사업 모델을 개선하고, 효율적인 전략을 개발하는 데 도움이 된다. 또한, 경쟁 기업의 전략, 마케팅, 운영 등을 분석하는 것은 자신의 사업이 경쟁 상황에서 어떻게 위치해 있는지 파악하는 데 유용하다. 경쟁 기업의 강점과 약점을 이해함으로써, 자신의 사업 전략을 보완하고, 경쟁 우위를 확보할 수 있는 방안을 모색할 수 있다.

해외 기업 사례 분석은 글로벌 시장에서의 성공 요인을 이해하고, 그 중 일부를 국내 사업에 적용할 수 있는 가능성을 검토하는 데 중요하다. 해외 시장의 다양한 사례를 통해 새로운 아이디어를 얻고, 창의적인 전략을 개발할 수 있다. 벤치마킹은 다양한 관점에서 시장과 경쟁 상황을 분석하고, 이를 통해 자신의 사업 전략을 개선하는 데 필수적인 과정이다. 성공 기업, 경쟁 기업, 해외 기업 사례 분석을 통해, 소상공인들은 자신의 사업을 한 단계 더 발전시킬 수 있는 실질적인 방안을 찾을 수 있다.

성공 기업의 핵심 전략 및 비즈니스 모델을 분석하면, 그들이 시장에서 어떻게 독보적인 위치를 확보했는지 이해할 수 있다. 이러한 이해는 자신의 사업 전략을 세우는 데 있어 중요한 통찰력을 제공한다. 또한, 성공 기업의 경쟁 우위와 차별점을 분석하는 것은 자신의 사업이 경쟁 시장에서 어떻게 차별화될 수 있는지를 파악하는 데 도움이 된다. 이를 통해 사업의 고유한 가치를 발견하고, 고객에게 더욱 매력적인 선택지로 부각될 수 있다.

성공 요인을 도출하는 과정에서는 성공 기업의 다양한 성공 요인을 분석하고, 이 중 자신의 사업에 적용 가능한 부분을 파악해야 한다. 이는 사업의 성장 전략을 구체화하고, 실행 가능한 계획을 수립하는 데 중요한 기반이 된다. 이처럼 핵심 전략 분석, 경쟁 우위 분석, 성공 요인 도출 과정을 통해, 소상공인들은 자신의 사업을 한 단계 더 발전시킬 수 있는 구체적이고 실질적인 방안을 찾을 수 있다. 이 과정은 사업의 지속 가능한 성장과 경쟁력 강화를 위해 반드시 필요한 단계이다.

교훈과 영감 도출은 사업을 운영하며 마주치는 다양한 도전과 기회 속에서 방향성을 찾는 데 중요하다. 실패 사례 분석을 통해, 과거의 실수를 예방하고 개선 방안을 모색하는 것은 사업을 안정적으로 성장시키는 데 필수적이다. 이 과정에서 얻는 교훈은 동일한 잘못을 반복하지 않고, 더 나은 결정을 내리는 데 도움이 된다. 성공 사례를 통해 긍정적 사고방식을 확립하고 자신감을 향상시키는 것도 중요하다. 성공한 다른 사람들의 이야기에서 영감을 얻어, 자신도 성공할 수 있다는 믿음을 갖게 된다. 이는 어려움을 마주했을 때 포기하지 않고, 계속해서 도전하게 만드는 원동력이 된다.

또한, 성공 사례를 통해 새로운 아이디어를 발굴하고 사업 개선 방안을 모색하는 것은 혁신을 추구하는 데 있어 필수적이다. 다른 사람들의 성공 방식을 분석하고, 그중에서 자신의 사업에 적용할 수 있는 부분을 찾아내어, 사업을 새로운 단계로 이끌 수 있다.

이처럼 실패 사례로부터 배우기, 긍정적 사고방식 확립, 혁신적인 아이디어 발굴은 사업의 성공을 위해 반드시 거쳐야 하는 과정이다. 이 과정을 통해 얻은 교훈과 영감은 소상공인들이 자신의 사업을 지속적으로 개선하고 성장시키는 데 큰 도움이 된다.

사례 연구를 통해 시장 이해도 높이기

고객 분석을 통해, 고객의 니즈와 구매 패턴을 이해하고, 경쟁사의 고객 서비스 및 제품과 비교하여 어떤 점이 우리의 고객에게 더 매력적일 수 있는지 파악한다. 이는 타깃 고객을 정확히 설정하고, 그들의 요구를 충족시키는 제품이나 서비스를 개발하는 데 중요한 기초가 된다.

경쟁 분석은 경쟁사의 전략, 제품, 가격, 마케팅 방법을 이해함으로써 시장에서의 자신의 위치를 파악하고, 경쟁 우위를 확보하기 위한 전략을 세우는 데 도움이 된다. 경쟁사의 성공 사례와 실패 사례를 분석함으로써, 자신의 사업 계획에 반영할 수 있는 유용한 인사이트를 얻을 수 있다.

시장 트렌드 분석은 시장의 규모, 성장률, 주요 트렌드를 파악하여 미래의 시장 전망을 이해하는 데 필수적이다. 이를 통해 사업자는 시장의 변화에 능동적으로 대응하고, 장기적인 성공을 위한 전략을 수립할 수 있다.

이처럼 시장 조사는 고객 분석, 경쟁 분석, 시장 트렌드 분석을 포함하여 시장의 현재 상황과 미래를 이해하는 데 중요한 역할을 한다. 소상공인들이 이 단계를 철저히 수행한다면, 사업의 성공 가능성을 크게 높일 수 있다.

케이스 스터디는 다양한 업종과 규모에서의 성공 및 실패 사례를 연구하여, 그 안에서 교훈을 도출하는 과정이다. 이 접근법은 소상공인들이 자신의 사업을 보다 효과적으로 운영하는 데 필요한 실질적인 지식과 전략을 얻을 수 있게 한다.

다양한 사례 연구를 통해, 소상공인들은 다른 업종이나 규모의 사업에서 어떤 전략이 성공적이었고, 어떤 접근이 실패로 이어졌는지를 파악할 수 있다. 이러한 정보는 자신의 사업에 적합한 전략을 수립하거나, 잠재적 위험을 사전에 방지할 수 있는 기반을 마련해준다.

세부 분석을 통해, 소상공인들은 각 사례의 배경, 상황, 사용된 전략, 그리고 그 결과를 깊이 있게 이해할 수 있다. 이 과정에서 사례의 성공이나 실패를 결정짓는 요인들을 구체적으로 분석함으로써, 자신의 사업에 적용할 수 있는 구체적인 교훈을 도출할 수 있다.

교훈 도출은 케이스 스터디의 가장 중요한 부분이다. 각 사례 연구를 통해 얻은 지식을 자신의 사업 상황에 맞게 적용하여, 실질적인 사업 전략을 개발하고 실행할 수 있다. 이는 소상공인이 시장에서의 경쟁력을 강화하고, 장기적인 성공을 달성하는 데 도움이 된다.

이처럼 케이스 스터디를 통한 다양한 사례 연구, 세부 분석, 그리고 교훈 도출은 소상공인들에게 자신의 사업을 발전시키고 성공으로 이끌 수 있는 실질적인 가이드를 제공한다.

다른 이의 경험을 통해 자신의 사업 전략에 반영하기

경험 활용은 다양한 방식으로 이루어질 수 있는데, 그 중에서도 멘토링, 컨설팅, 네트워킹이 핵심적인 방법이다.

멘토링은 성공한 사업가 또는 전문가로부터 직접적인 지도와 조언을 받는 과정이다. 이를 통해 소상공인들은 실질적인 사업 경험과 지식을 공유받으며, 사업 운영에 있어서 발생할 수 있는 다양한 문제들에 대한 해결 방안을 배울 수 있다. 멘토의 경험은 이론적 지식만으로는 얻기 어려운 실질적인 가치를 제공한다.

컨설팅은 전문가의 조언과 서비스를 활용하는 것을 의미한다. 사업 전략, 마케팅, 재무 관리 등 특정 분야에서 전문적인 지식이 필요할 때 컨설팅 서비스를 이용하면, 보다 전문적이고 체계적인 방법으로 문제를 해결하고 사업을 발전시킬 수 있다. 컨설턴트는 사업의 특정 측면에 대한 깊은 이해와 경험을 바탕으로 소상공인을 지원한다.

네트워킹은 업계 내 다른 사람들과의 관계를 구축하고 정보를 공유하는 활동이다. 이를 통해 소상공인들은 업계의 최신 트렌드, 기회, 그리고 도전 과제에 대한 정보를 얻을 수 있다. 또한, 네트워킹은 비즈니스 파트너를 찾거나 협력 기회를 모색하는 데에도 유용하다. 강력한 네트워크는 사업의 성장과 발전을 위한 중요한 자원이 될 수 있다.

이처럼 멘토링, 컨설팅, 네트워킹은 각각 다른 방식으로 경험을 활용하며, 이를 통해 소상공인은 사업 운영에 필요한 지식과 기술, 인사이트를 얻을 수 있다. 이 세 가지 방법은 소상공인이 사업에서 성공하기 위해 고려해야 할 중요한 전략 중 하나이다.

사업 전략 개선은 지속적으로 이루어져야 하는 과정이다. 이를 위해 실패 사례로부터 배우기, 성공 전략 참고하기, 다양한 관점 고려하기가 중요하다. 실패 사례로부터 배우는 것은 실수를 예방하고, 비슷한 상황에서 더 나은 결정을 내릴 수 있도록 돕는다. 다른 이들의 경험을 통해 발생할 수 있는 문제를 미리 인식하고, 그에 대한 해결 방안을 모색하는 것이다. 이 과정에서 중요한 것은 단순히 실패를 피하는 것이 아니라, 실패에서 교훈을 얻고, 그 교훈을 바탕으로 사업 전략을 개선하는 것이다.

성공 전략 참고는 다른 이들의 성공 경험을 분석하고, 그것을 자신의 사업에 맞게 적용하는 과정이다. 성공한 사업가들의 전략을 이해하고, 그 중에서 자신의 사업에 적합한 부분을 선택하여 적용함으로써, 사업의 성공 가능성을 높일 수 있다. 다만, 중요한 것은 타인의 성공 전략을 맹목적으로 따르는 것이 아니라, 자신의 사업 환경과 목표에 맞게 조정하여 적용하는 것이다.

다양한 관점을 고려하는 것은 사업 전략을 개발하거나 조정할 때 필수적이다. 다른 이들의 경험과 지식을 활용하여, 자신이 놓칠 수 있는 측면을 보완하고, 더 넓은 시각에서 전략을 고려할 수 있다. 다양한 관점을 통해 전략을 점검하고 조정함으로써, 사업을 더욱 탄탄하게 만들 수 있다.

사업 전략 개선은 실패와 성공 모두에서 배우고, 다양한 관점을 통합하여 전략을 조정하는 과정을 포함한다. 이러한 접근 방식은 사업의 성장과 발전을 위해 지속적으로 이루어져야 하며, 사업을 성공으로 이끄는 중요한 열쇠가 된다.

아울러 경쟁력 강화를 위해 최신 트렌드 파악, 혁신적인 아이디어 발굴, 지속적인 성장 전략 수립이 중요하다. 최신 트렌드 파악은 시장 변화에 빠르게 대응하고, 소비자의 니즈를 충족시킬 수 있는 제품이나 서비스를 제공하는 데 필수적이다. 다른 이들의 경험을 통해 최신 트렌드와 기술을 파악함으로써, 사업을 현재 시장에 더 잘 맞출 수 있다. 이는 경쟁사 대비 우위를 확보하는 데 도움이 된다.

혁신적인 아이디어 발굴은 사업을 차별화하고, 새로운 기회를 창출하는 데 중요하다. 다른 이들의 경험에서 영감을 받아 새로운 아이디어를 발굴하고, 이를 사업 개선 방안에 적용함으로써, 사업 모델을 혁신하고 시장에서의 입지를 강화할 수 있다. 이 과정에서 중요한 것은 창의적 사고와 개방적 태도이다.

지속적인 성장 전략 수립은 사업의 장기적인 성공을 위해 필수적이다. 다른 이들의 경험을 통해 얻은 지식을 바탕으로, 시장 변화에 유연하게 대응할 수 있는 전략을 수립하고, 사업의 성장을 지속적으로 추구한다. 이는 사업의 지속 가능성을 확보하고, 장기적인 경쟁력을 강화하는 데 기여한다.

따라서 경쟁력 강화는 최신 트렌드를 파악하고, 혁신적인 아이디어를 발굴하며, 지속적인 성장 전략을 수립하는 것에서 시작된다. 이러한 접근 방식은 사업을 끊임없이 발전시키고, 시장에서 우위를 차지하는 데 필수적이다.

《6장의 핵심 포인트》

투자 유치의 달인 되기

우리는 체계적인 사업 계획서 작성과 네트워크 활용을 통해 투자자를 유치하고 자본을 확보하여 사업 성장을 가속화한다.

M&A로 사업의 지평 넓히기

M&A를 통해 사업 확장과 시너지 창출을 목표로 설정하고, 타깃 기업을 신중하게 선택하여 경쟁 우위를 확보한다.

협상에서 승리하는 방법

효과적인 협상 전략과 준비를 통해 M&A 과정에서 최적의 조건을 이끌어내고 장기적 파트너십을 구축한다.

리스크를 관리하며 통합하기

사업 통합 과정에서 발생할 수 있는 재무적, 법률적, 운영적 리스크를 철저히 분석하고 관리하여 성공적인 M&A를 달성한다.

지속 가능한 성장 전략

장기적인 성장을 위해 혁신을 촉진하고, 시장 변화에 유연하게 대응하며, 사회적 책임을 통합한다.

글로벌 시장 진출

글로벌 확장을 통해 새로운 시장을 탐색하고, 국제적 네트워크를 구축하여 사업의 지리적 범위를 넓힌다.

인적 자원의 전략적 관리

직원의 역량 강화와 효율적인 인력 관리를 통해 조직의 전반적인 성과를 최적화하고, 동기 부여를 강화한다.